JN411005

농우

농우

이석병 수필집

그루

책을 내며

살아서 꿈틀거린다.
삶의 궤적을 따라 굴곡의
먼 길을 한참이나 걸어왔다.

헝클어진 머릿속을
참빗으로 간추리니
생의 즐거움이
그 안에서 숨을 쉰다.

어찌하랴!

돌뻬의 속살이
높고 깊은 산을 외면한 채
우직한 진실만을 잔뜩 품었네.

차례

3부
아름다운 거절

4부
최선과 차선

5부

어정칠월과 동동팔월

6부

계묘년의 쌍무지개

1
상쾌한 새벽을 열며

상쾌한 하루를 열고 자연을 사랑하면서
마음이 즐거우면 그게 전부다. 앞으로도 농익은 농심의 냄새를
풍기면서 상쾌한 새벽을 열고자 한다.

봄의 서곡

임인년 새해가 밝은 지 벌써 한 달이 후딱 지나갔다. 새해의 설계도 아직 마음속에서 영글지도 못하고 엉거주춤하고 있다. 한 치의 양보도 없는 세월은 한눈도 팔지 않고 앞만 보고 달려간다.

봄을 알리는 입춘이 눈앞에서 얼씬대고 돌처럼 굳었던 대동강 물이 우수를 마중하여 물결로 춤을 출 준비를 하고 있다. 머잖아 겨우내 동면에 들었던 개구리들도 깜짝 놀라 입을 열고 새봄을 알리는 협주곡을 논둑 너머로 흘려보내겠지.

이맘때가 되면 한 해의 풍년 농사로 부푼 꿈을 간직한 농민들은 병충해 방지를 위해 논두렁과 밭두렁 불태우기를 한다. 온통 들판이 불난 집처럼 연기로 자욱하다. 봄날의 불씨는 바람을 타고 이곳저곳으로 마구 날아다닌다. 그래서 야시(여우)불이라고도 한다. 조금만 방심하면 인근 야산으로 옮겨붙어서 자연 훼손은 물론이고 엄청난 산림 재산의 손실을 불러오기도 한다.

오래전 청년 시절에 문중에서 추진하는 족보 편찬 일에 잠깐 참여한 적이 있었다. 매 30년마다 변동 사항을 수록하는 파보派譜를 편찬하는 작업이었다. 변동 사항 수집은 기록으로 남겨진 건 없고 거의 대개가 구전口傳에 의존해서 수집하게 되기 때문에 다소 부정확한 내용들도 전해 내려오게 된다. 조상과 후손들의 훌륭한 업적들이 기록으로 후세에 전해질 수 없는 안타까움이 많았다.

족보 작업을 하면서 삶의 궤적을 후세에 기록으로 남겨야겠다는 생각에 생뚱맞은 불똥이 가슴을 파고들었다. 설혹 눈밭에 남은 기러기 발자국이 될지라도 여러 해 동안 기록한 내용들을 모아서 책으로 엮으니 여섯 일곱 권의 책이 출간되었다. 이를 지근에서 지켜보고 있던 친구로부터 문단에 등단해서 글을 써보라는 권유가 있었다. 거름 지고 친구 따라 시골 장에 가듯 아무런 목적의식도 없이 덜컥 등단을 해서 문학의 문턱을 넘었다. 얼마 되지 않아 다가올 시련은 전혀 생각지도 못한 채 무식한 용감이 발동했다.

문단의 각종 행사에 참여하면서 선배 문인들의 작품과 이력을 만나는 순간 아차, 발을 잘못 디딘 것을 직감하면서 온몸에 전율이 왔다. 모든 선배들은 문학의 전문 교육 과정을 이수하셨고 강산이 바뀐 세월의 두께만큼이나 두둑한 경륜을 쌓았으며 수상 이력도 큼직큼직한 직함으로 눈이 부시도록 빛이 났다. 일생 동안 한 번은 치러야 한다는 홍역을 이제야 만났구나 싶었다.

그동안 삶의 흔적을 남길 목적으로 쓴 글은 초등학생의 일기장

수준을 넘지 못했다. 개미 줄지어 장이 서듯 글자 줄 세우기에 불과했다. 늦은 당혹감에 몇 권의 책을 구입해서 책갈피를 열심히 뒤졌으나 철옹성에 갇힌 머릿속은 '출입 금지' 공간으로 변했는지 도무지 새로운 속내를 받아들이지 않으려고 한다. 오르지 못할 나무는 사다리라도 걸치면 오를 수 있지만 이런 경우는 그러지도 못하니 낭패가 아닐 수 없었다.

등단에 대한 혼란스런 생각으로 멈칫거리는 와중에 들판을 뒤덮는 봄의 서곡이 연이어 마음을 헤집고 가슴으로 날아들었다. 현재 참여하고 있는 대구와 서울의 문인협회에서 집행부 임원으로 중책이 부여되었다. 반가움보다 걱정이 앞섰다. 문단의 경륜이나 문학에 대한 조예가 가당치도 않게 부족하기 때문이었다. 꽃샘추위를 견디고서야 진한 향기를 품은 아름다운 꽃이 피어나듯 육중한 동토를 뚫고 솟아오르는 파란 새싹은 봄의 서곡으로 종다리 높이 떠서 찬미의 노래를 불러 주리라.

상쾌한 새벽을 열며

하루의 시작은 항상 새벽 운동으로 시작한다. 초저녁잠이 짙은 잠버릇 때문에 새벽이면 일찍 잠에서 깬다. 옛글에 소부는 유근하고 대부는 재천이라고 했다. 항상 일찍 일어나서 부지런히 몸을 움직였다. 아침 햇살이 창살을 두드릴 때까지 느긋하게 누워 있질 못하고 습관적으로 새벽 운동을 나간다. 인도의 성자 간디는 "습관이 바뀌면 인생도 바뀐다"고 했다.

매일 가는 새벽 운동길에서 마주치는 사람이 있다. 날씨에 상관없이 이른 새벽부터 열심히 새벽길을 청소하는 환경미화원이었다. 수인사로 "수고합니다." 한마디 던져주고 발걸음 가볍게 안지랑골을 오른다. 수인사만으로는 그들의 수고에 대한 고마움의 표시는 부족한 느낌이 들었다.

30여 년 전 새벽 운동길에서 상쾌한 새벽을 여는 미담 사례를 신청 받는다는 방송을 들었다. 그렇잖아도 늘 마음의 한구석이 빈 것 같았는데 마침 좋은 기회였다. 환경미화원들의 노고와 고마움에 대한 사연을 올렸다. 며칠 뒤에 모 방송국의 담당아나운서와 인터뷰를 했다. 그런 후에 환경미화원들의 수고로 우리 사회가 밝고 깨끗한 사회가 된다는 방송이 전파를 타게 되었다.

나의 새벽 운동은 건강을 위해서지만 한편으로는 자연과의 소통과 힐링의 시간이다. 우리는 일상에서 자연으로부터 많은 혜택을 누리며 살고 있다. 그러나 자연의 혜택을 고맙게 생각하는 사람은 거의 없고 가뭄에 빗방울 정도일 게다.

몇 해 전 금호강변(노곡교–매천교)에 외래종인 가시박이 그들의 올가미 안에 많은 생명들을 덮어씌워 고사 직전이었다. 젊은 시절의 농심은 논바닥에 술지게미로 눌러앉아서 그냥 지나칠 수가 없었다. 며칠간 제거 작업 끝에 말끔하게 원상회복시켰다. 새파란 눈망울의 초목과 야생화들이 반짝이는 눈빛으로 강변을 걷는 이들을 반갑게 맞아 주었다.

최근에는 금호강 하중도를 찾는 시민들을 위해 각종 운동 시설과 주차장 등 편의 시설을 강변 둔치에 설치하면서 곳곳에 잔디밭을 조성했다. 관리자의 손길이 뜸한 틈을 보고 잡초들이 연합작전으로 마구 점령해서 풀밭으로 변해 있었다. 또 술지게미 같은 농심이 발동한다. 며칠간 땀과 씨름을 하고 나니 잔디가 겨울 지낸 보리밭처럼 줄지어 늘어서서 바람에 살랑댄다. 오, 가는 이들의 마음도 말끔하게 상쾌한 새벽을 열어 준다.

자연이라는 울타리 안에서 살던 잔디는 보호의 그늘에서 사랑을 받고 살게 되었다. 소외된 잡초는 사랑받지 못하고 뽑혀 나가 건초로 생명을 다하면서까지도 자신들의 진한 육향을 뿜어 존재 가치를 남기고 있다. 잔디밭의 말끔한 기분만큼이나 잡초들의 애달픔도 상쾌한 새벽을 여는 마음 한구석에 함께 자리하고 있다.

가끔씩 지나가는 사람들의 말들도 귀를 의심하게 한다. "공공근로자냐" "일당은 얼마 받느냐?" 혹자는 "참 좋은 일 한다."고도 했다. 인간이란 자연의 품에서 살다가 자연의 품으로 돌아가야 하기에 상쾌한 하루를 열고 자연을 사랑하면서 마음이 즐거우면 그게 전부다. 앞으로도 농익은 농심의 냄새를 풍기면서 상쾌한 새벽을 열고자 한다.

봄을 먹고 살짝 갔다

중국 당나라 시인 동방규가 당대의 4대 미인인 왕소군을 두고 지은 시 '소군원'이다. "호지무화초胡地無花草 춘래불사춘春來不似春"이라고 읊었다.

봄은 봄인데 코로나로 인해 2년간이나 봄이 봄 같지 않다. 게다가 날씨조차 저녁 굶은 시어머니같이 쌀쌀한 게 양지바른 곳을 찾게 한다. 대구는 원래 봄과 가을은 패싱이다, 봄이 오나 하고 이마에 손 얹으면 벌써 수은주가 30도를 오르내리는 초여름이다. 날씨 변덕은 대구의 인심과는 상관없는 일임을 밝혀 둔다.

며칠 전에 지인과 도다리 쑥국으로 맛있는 저녁을 먹었다. 상큼한 쑥 향기에 도다리의 감칠맛이 입맛을 간질이며 목구멍으로 넘어갔다. 숟가락으로 한 술 한 술 떠먹는 게 감질나서 국그릇을 들고 통째로 마셨다. 이빨에 걸려든 쑥은 잘근잘근 씹으니 온몸이 봄기운으로 취해 버린다.

쑥국은 흔히들 소고기나 멸치 또는 새우 등을 넣고 끓이지만 도다리의 맛을 따라잡지는 못한다. 쑥 향이 푸르스름하게 녹아내리면 들깨 녹말과 된장을 풀어 넣으면 한마디로 '왔다'이다. '무슨 셰프냐'고? 서당 개 3년에 풍월을 읊듯이 농촌 생활 3년이면 서당 개는 넘어서서 풍월을 읊어야 어느 정도 쑥국 맛을 알 수 있다. 쑥국만이 아니고 쑥절편과 쑥에다 콩가루나 밀가루를 섞어서 채반에서 쪄낸 쑥버무리는 아주 든든한 대용식으로 자리매김하고 있다.

쑥은 종류도 다양하다. 흔히들 우리들이 쑥이라 하는 말은 참쑥을 이르는 말이다. 이외에도 개똥밭에 자란다고 개똥쑥, 5월 단오 전후에 채취하는 약쑥, 모양이나 솜털이 토끼 귀처럼 생겼다고 해서 귀쑥, 한방약으로 쓰이는 인진쑥도 있다. 약쑥은 농가에서는 필수로 준비를 해 두어야 한다. 사람이나 동물에게 다양하게 그 쓰임새가 많다.

들일에 지친 소에게 약쑥 한두 뭉치를 푹 고아서 먹이면 그 힘든 농번기도 거뜬하게 견뎌낸다. 인진쑥을 깨끗하게 씻어서 작두로 대충 썰어 가마솥에 넣고 고아 내면 물엿처럼 된다. 너무 써서 그냥 먹기가 불편하면 볶은 콩가루로 환을 지어서 먹으면 편하다. 또한 들일 나갈 때 마른 쑥으로 불채를 만들어 논둑에 불을 댕겨 놓으면 하루 종일 타면서 온 들판을 쑥향으로 뒤덮어 콧구멍까지 벌렁거린다.

시골 장날 쑥떡 먹고 쑥덕쑥덕하지 말라고도 했다. 맛이 좋다는 말이겠지. 쑥절편도 고소하게 볶은 콩가루를 입히면 사람들의 입맛을 사로잡는다. 속이 냉한 사람은 속을 데우는 데 쑥만한 보약도 없을 것이다. 쑥은 인체에 다양하게 도움을 준다. 자꾸 쑥맛만 챙기다간 밥맛이 시샘해서 도망가겠다. 셰프도 아닌 것이 전업 주부님들 앞에서 무슨 요령 흔드느냐고 한바탕 호통받을 것이 뻔한데도…….

쑥향에 도취되어 풍월이 너무 나갔나 싶네. 아무튼 이 봄에 도다리 쑥국 드시고 모두들 건강 챙기시길…….

풍년을 꿈꾸며

삼복더위의 열기가 소나기로 마구 쏟아져 내리면 들판은 파란 바둑판을 그린다. 풍성한 가을을 잉태한 곡식은 허리통이 날로 통통하게 불러온다. 산야의 짙은 초록의 나무들도 윤기 흐르는 잎새들을 불어오는 바람에 맡긴다.

며칠 전 평소에 가족처럼 왕래하며 정으로 맺은 딸의 자매가 운영하고 있는 밀양의 한 농장을 방문했다. 땅은 거짓이 없고 노력하는 만큼 보답한다는 나의 유년 시절의 농사 경험을 머릿속으로 소환하면서 갔다. 하늘이 시기하는 천재지변이나 병충해만 막아 주면 노력하는 만큼 풍성한 결실을 안겨 준다. 당시의 농사일은 하나같이 수월한 게 없고 모두 사람의 손에 의존했기 때문에 엄청 많은 고통과 땀의 범벅으로 풍년을 맞게 된다. 그래서 농사가 아니라 골탕 덩어리라고들 했다.

농장에 도착해서 주위를 살펴보다 망연자실 말문이 막혔다. 3,000평이나 되는 넓은 농장에 맨몸의 복숭아나무만 덩그러니 서 있었다. 크고 작은 팔뚝에 오동통한 옥구슬을 매달고 분단장 곱게 해서 출하해야 할 시기인데 이 무슨 날벼락인가. 온몸에 검붉은 반점을 찍고 모두 땅바닥에 널브러져 있었다. 방제 작업도 때맞추어 20여 회 이상 했어도 속수무책이었다고 했다. 풍년을 꿈꾸던 농심은 을씨년스런 허탈 그 자체였다. 자식 키우듯 온갖 정성을 쏟아부었던 열정이 하루아침에 빈손 털고 주저앉으니 겉은 멀쩡한 것 같지만 속은 새까맣게 연필심처럼 탔을 것이다.

이를 보고 있노라니 떠올리기도 몸서리쳐지는 10여 년 전의 일이 멍든 가슴을 헤집고 불려 나온다. 예고 없던 맏자식의 교통사고 소식에 눈앞이 캄캄하고 발이 땅에 붙어 떨어지지 않았다. 넋 나간 장승으로 우두커니 서서 무심한 하늘만 쳐다보았다. 아침 햇살에 맑고 푸른 하늘이 갑자기 노란 하늘로 변색을 하고 있었다. 세월이 약이라고들 해서 오늘을 살고 있다. 한 해의 농사를 망친 농심農心도 그때의 나처럼 노란 하늘을 넋 놓고 허탈하게 쳐다보고 있었을 것이다.

광장같이 넓은 농장을 연약한 여자의 몸으로 동동거리며 감당하기란 상당히 벅찬 일이었다. 자식처럼 애지중지 정성을 다했지만 병들어 목이 떨어져 가는 광경을 보아야 했던 그 심정 허탈감에 기진맥진해서 몸져누웠을 것이다. 그래도 웃음을 잃지 않고 버티고 있는 그 모습에서 불심佛心의 대견함을 느낄 수 있었다.

수개월 전 내자內子의 임종 앞에서 지극정성으로 기도하며 장

시간 동안 관세음보살을 염송하기도 하였다. 그와 같은 돈독한 불심이 엄청난 재난에도 꿋꿋하게 버틸 수 있는 버팀목이 되지 않았을까 생각되기도 한다. 텁수룩한 장발에 주막을 들르던 고승 경허 스님의 소박하고 소탈한 불심을 가슴에 담고 있는 것처럼 느껴졌다.

무쇠도 여러 번 담금질하는 과정을 거치면서 단련을 해야 단단한 강철이 되듯 훌륭한 농사꾼이 되기 위한 단련의 과정이라고 생각하면 오히려 전화위복의 기회이기도 하다. 옛말에 "실패는 성공의 어머니"라고 했다. 빈 곳간에 가득 쌓였던 어제의 아픈 상처를 가을마당 들깨 털 듯 털어내고 태평성대의 풍년가 가락으로 넘쳐나는 희망의 햇살이 연년세세 찾아올 것이다.

오늘을 살고 있는 우리는 볼 수도 잡을 수도 없는 내일에 기대어 살아가고 있다. 오늘의 부족함을 내일의 희망과 성공을 꿈꾸며 살아간다. 파란 하늘의 내일을 기대하면서 삶의 용기와 희망을 잃지 않으시기를…….

진달래꽃을 피우다

겨우내 웅크리고 앉아서 기다렸던 올해의 봄도 코로나와 오미크론으로 봄 같지 않은 봄이 왔다. 앞으로 20여 일 후면 여름을 알리는 입하가 턱을 괴고 기다리고 있다. 우리들의 마음에 들지 않는 봄은 아쉬움만 남겨 놓고 또 그렇게 가고 말 건가.

오늘은 이른 새벽부터 설쳐 댄다. 무슨 큰일이라도 있는 것처럼 움직인다. 물에 담근 돌미역을 빨고 생선이 준비되지 않아서 북어를 넣고 미역국을 끓이고 있다, 물론 들깨 가루를 풀어서 제법 구수한 맛으로 돌미역을 우려내었다. 그리고 찹쌀과 대추와 밤을 넣고 미리 삶아 두었던 팥을 함께 넣고 쿠쿠에 넣었더니 맛있는 밥을 만들어 주겠단다. 모든 음식이 다 그렇지만 특히 찰밥은 간이 맞아야 제대로 밥맛이 난다. 간혹 잊는 경우가 있기에 특히 간 맞추는 것을 절대 잊어서는 안 된다. 살림하는 남자냐고?

허허, 살다 보면 그럴 수도 있지 뭐…….

따뜻한 봄기운이 감도는 봄날 지난해 떠난 집사람의 생일인 음력 3월 16일이다. 아침 일찍 서둘러서 쫀득하게 찰진 찰밥과 구수한 미역국을 담아 과일과 술 한 잔을 준비해서 집사람한테로 갔다. 마침 딸 현주가 케이크를 준비해 왔기에 함께 칠곡군 지천면 신동에 있는 조양공원으로 갔다. 백합 같은 성품이라 백합도 준비했다. 생일상 한 상을 차려 놓고 혼잣말로 "여보, 미역국 맛은 어때? 찰밥도 입에 맞느냐"고 했더니 금방 대답을 한다. "내 떠난 지 1년 만에 살림하는 남자가 다 되었네. 국맛도, 찰밥 맛도 일품"이라고 하면서 "앞으로 조금만 지나면 내 솜씨를 따라오겠다."며 귀속말로 소곤댄다. 속으로 우쭐댔다.

고개를 돌리니 부부 같은 두 남녀가 산비탈 옆으로 지나간다. 가만히 보니 고사리를 채취하러 다니는 사람들이었다. 나도 슬그머니 일어나서 다른 쪽 산비탈로 갔다. 고사리를 꺾을 심산에서였다. 이미 조금 전 그 사람들이 모두 거쳐 간 곳이라 눈을 닦고 살펴도 고사리는 눈에 뜨이지 않았다. 겨우 몇 개를 꺾었다. 저만치에 참꽃들이 꽃망울을 조롱조롱 달고 일광욕을 즐기고 있는 모습이 눈에 보였다. "에라 꿩 대신 닭이라!" 고사리 대신 참꽃에 눈길이 갔다. 마음보다 손이 잽싸게 몇 가지를 꺾어서 가져왔다. 거실 TV 옆에 자리를 잡으니 밤새 활짝 웃으며 꽃을 피웠다, 당신의 모습을 보듯 눈길을 보냈다.

유년 시절에는 청명, 한식 때에 성묘를 가면 입술이 시퍼렇도록 참꽃을 따먹기도 했다. 지금은 눈 호강이 먼저다. 현주도 우산 모양의 한 가지를 줬더니 거실에 꽂아 놓고 사진을 보내왔다. 집 안이 봄으로 진동을 하고 덩달아 내 마음도 봄에 취해 있었다.

집사람 생일 덕에 콧구멍에 산바람 잘 쐬고 산천의 봄을 몽땅 집으로 가지고 온 기분이다. 화무십일홍이었나 한 송이씩 고개를 떨어뜨리고 떠날 준비를 하는 것 같았다. 새로 돋아난 잎새들이 고사리손으로 살랑거리며 배웅을 하는 느낌이다. 쉬 왔다가 소리 없이 가는 게 대구의 봄이다. 올해의 봄은 거실에서 꽃 피우고 떠나려는가 보다. 싱싱하고 푸르른 여름에게 양보하고 준비를 서두르는 것 같다. 내년에 다시 올 봄을 기다리는 마음은 난 집에서, 당신은 산에서 서로 다를 뿐이다.

밀들의 항변

우리도 남들처럼 예쁜 꽃 피우고 잘 살고 싶은 욕망은 있다. 그런데 왜 작은 집에서 버림받고 살아야 하느냐. 수염까지 점잖게 달고 고개를 내민다. 밀 싹들의 항변이 쏟아진다.

내가 살고 있는 공동주택 옆 자투리땅에 감나무가 한 그루 심어져 있었다. 봄부터 늦가을까지 물 주고 병충해 방지를 해 주었더니 가을이면 옥구슬을 매단다. 따뜻한 가을 햇살에 볼그스레 화장도 한다. 밤만 되면 가지가 잘려 나가는 수난을 당하기도 한다. 다 같이 나누는 마음으로 참고 지냈다. 몰염치한 사람들은 감나무 밑을 쓰레기 집하장을 만들어버린다. 경고장을 몇 번 붙여도 막무가내다, 꼭 남몰래 지나가면서 투척하고 간다. 이웃에 쓰레기 투척 선수가 살고 있는지 점점 늘어 간다. 환경미화원이나 청소차도 지나친다. 쓰레기 집하 장소가 아니기 때문이란다. 관리를 하고 있는 내 입장은 어떻게 할 수가 없었다.

긴급 반상회를 열어서 감나무를 베어 내기로 했다. 그런 후에 깨끗하게 시멘트 포장을 해놓으면 더는 투척을 안 할 것이라고 생각했다. 비양심의 사람들은 그것도 먹혀들지 않았다. 행복 자치센터로 가서 가로용 화분을 설치해 줄 것을 요청했다. 며칠 뒤에 직경 90cm, 높이 45cm의 대형 화분 3개를 설치해 주었다. 새마을부녀회에서 예쁜 꽃들을 심었다. 가뭄에 물주고 담배꽁초와 과자 봉지 등의 쓰레기를 주워내고 관리를 했더니 멀리 안 가는 꽃구경의 재미가 쏠쏠했다.

지난가을에는 부녀회원들이 월동용으로 밀을 심어 놓았다. 남은 몇 포기를 나의 작은 화분에 옮겨 놓았다. 이웃과 주변에 내년에 밀가루나 칼국수, 수제비는 걱정 말라며 농담도 했다. 혹한을 넘기고 봄이 되어 싹들이 한창 돋아날 때에 봄꽃을 심는다고 모두 뽑아 버렸다. 다행히 작은 화분은 그냥 두었다. 관심 없이 지나쳤는데 며칠 뒤에 보니 그 작은 화분에서 밀 이삭이 수염까지 달고 점잖게 고개를 내밀었다. 그동안 지나온 과정에 대하여 불평불만이 쏟아진다. 유년 시절에 잘못이 있어서 어른들에게 불려가 꿇어앉아서 꾸중을 듣는 것 같기도 했다.

새삼 생명의 신비함을 느끼고 미안한 마음이 들었다. '얘들아, 미안하다. 내가 너희들한테 너무 무관심했다'며 용서를 구했다. 긴 수염과 얼굴을 쓰다듬어 주니 내 마음이 조금은 위안이 되기도 했다. 사람이나 동식물 할 것 없이 모든 생명체는 관심과 애정으로 자라고 열매를 맺어 좋은 결실을 선물해 줄 것이다. 생명의 존귀함을 망각한 나의 처신에 후회를 하게 되었다.

이제부터라도 배고플 때 밥 주고 목마를 때 물을 주면서 보답하고자 한다. 비록 비좁은 화분이지만 잘 자라 주어서 고맙고 감사하다. 다음 월동기에 다시 너희들을 만나게 되면 올해에 못다 한 부분까지 잘해 줘야지 하면서 마음으로 다짐을 해 본다. 그동안 천대받은 생명들에게 속죄라도 하듯 중얼거린다. "야! 밀들아, 다시 만나자. 손가락 걸고 약속할게."

안녕하세요

"안녕하세요. 또 만났군요." 어느 가수의 '안녕하세요'의 노랫말이다. 매주 일요일이면 '안녕하세요'를 몇 번씩이나 연거푸 관중들과 합창을 한다. 국민 사회자의 '전국 노래자랑'에서의 광경이다. '안녕하세요'의 인사가 많은 청중을 한곳으로 불러모으는 응집의 괴력도 있었다.

사람들만 만나면 입속에 머물고 있던 '안녕하세요'가 저절로 입 밖으로 튀어나온다. 거의 습관적이다. '안녕하세요'가 습관이 된 것은 오래전의 일이다. 이젠 아예 입버릇으로 굳어져 있다.

지금부터 50여 년 전의 일이다. 새마을금고에서 농촌 계몽 운동을 할 때 시골을 다니면서 만나는 사람마다 '안녕하세요'로 첫인사를 건넨다. 금융업은 친절이 절대적이다. 예금 유치를 위해서는 항상 저자세로 친절을 베풀어야 했다. 금융업에서 갑질은

금물이며 항상 을의 입장이 된다. 그러니 자동화 기계처럼 '안녕하세요'가 서슴없이 입에서 튀어나오게 된다.

돈의 위력은 자존심을 건드리는 심한 갑질에 아무런 잘못이 없으면서도 잘못했노라고 사과를 해야 한다. 그렇지 않으면 '내 돈 다 빼 가겠다.'는 위협을 받게 된다. 창구에 앉아 대기 중이던 손님들도 한통속이 되어 동조를 하게 된다. 통장과 도장이 있어야 출금이 되지만 아무것도 없이 돈을 달라고 한다. 창구 직원의 설명은 아랑곳하지 않고 "내 돈 내가 달라는데 무슨 헛소리하느냐"며 실랑이가 붙는다. 돈의 위력을 볼모로 한 갑질에 환멸을 느꼈다. 금융이라는 것도 일정한 규정과 법에 정해진 절차대로 업무처리를 해야 되기 때문에 손님의 요구에 응할 수가 없게 된다.

갑의 입장은 같은 금융기관에서도 이루어진다. 마감 시간이 임박한 시간에 동전이 들어와서 인근의 모 은행으로 가지고 갔다. 출납 담당 직원이 "은행도 아닌 게 생겨서!"라며 도로 가지고 가란다. 무거운 동전 자루를 옮겨 오는 것도 땀을 뺐는데 가져가라니 엄두가 나지 않았다. 서민 금융은 아예 담당 직원의 눈에는 귀찮은 존재였다. 마침 그 광경을 보고 있던 출납 책임자의 선처로 잘 처리되기는 했다.

서민 금융은 항상 을의 자세여야 하고 금융권에서도 을의 취급에 설움을 감당해야 했다. 이런 생활이 반백 년이 가까워지니 자동화 기계나 다름없이 저자세로 고개를 숙이고 '안녕하세요'가 앞장을 선다. 서민 금융이라는 을의 입장에서는 예금 유치를 하려면 간과 쓸개를 다 내어놓고 시작하는 게 훨씬 수월하다.

이젠 현직을 떠나 자유의 몸이 되었지만 그 습관은 몸에 배어서 그대로 현재 진행형이다. "세 살 버릇 여든까지 간다"는 속담처럼 언제까지일지는 모르지만 골목길에서 만나는 사람마다 "안녕하세요." 하면서 먼저 인사를 하게 된다. 아마도 '안녕하세요'는 평생 입에서 떠나지는 않을 것 같다.

해맞이

이른 새벽부터 옆집은 법석을 떨어댄다. 동해안으로 해맞이를 간다고 이웃까지 마음을 들뜨게 하고 있다. 해맞이를 못 가는 우리들은 닭 쫓던 개 지붕 쳐다보듯 마냥 부럽기만 하다.

그 집은 해마다 12월 31일이 되면 내외가 동해안으로 일출을 보러 다녔다. 한두 해째가 아닌 성싶다. 매일 아침만 되면 동쪽에서 해가 솟아오르고 저녁이면 서쪽으로 넘어간다. 그런데도 잠잠하다가 새해 첫날에 떠오르는 해를 보고 복을 빌고 소원을 빈다고 한다. 물론 새해의 설계와 계획을 모두 이루고 싶은 마음이야 우리 모두의 염원이기도 하다.

어라 이게 웬일일까? 옆집에서 내년부터는 해맞이를 가지 않겠다고 한다. 무슨 변고가 생겼나 싶어 궁금했다. 도로에 차량이 정체되어서 동해안에 도착도 못하고 길에서 일출을 보고는 발길을 돌렸다는구나. 어쩔 수 없이 새해 설계를 집에 와서 계획을 세우고 추진 방법을 세우게 되었다고 했다. '얼씨구나!' 하고 해맞이를 못 간 분풀이로 한마디 거들었다. 조용하게 집에서 목표를 잡고 추진하는 게 오히려 더 합리적이라고 일러주었다.

코로나 시대를 맞은 지금은 모든 행사가 중단되었지만 요즘은 해넘이까지도 함께 부산을 떤다. 그러니까 새해 첫날은 해맞이로, 그해 연말은 해넘이로 행장을 꾸린다. 애들이 있는 젊은 부부들은 애들한테 엄청 시달림을 받는다. 새해를 맞이하고 또 한 해를 마지막 보내는데 꼭 집을 떠나서 해돋이와 해넘이를 봐야 맛이 나는 것일까?

음력으로 정월 대보름과 추석 한가위가 되면 달맞이도 해맞이 못지않다. 가족의 건강과 가정의 무사태평을 기원하기도 한다. 물론 시골에서는 한 해 농사의 풍년을 기원하는 일이 먼저이다. 복잡스럽게 부산을 떨고 떠들썩하는 걸 별로 좋아하지 않는 성격 탓으로 집에서 조용히 생각을 정리하는 게 훨씬 더 합리적이라고 생각한다. 꼭 무슨 대상을 두고 기도하고 기원해야 된다는 생각은 별로로 치부하고 만다.

사실은 아직도 한 번도 해맞이나 해넘이를 가 보지 못하고 80의 중반에 왔지만 후회해 본 적은 없다. 왜냐고 묻는다면 그들처럼 그렇게 하고 난 결과나 그렇게 하지 않은 결과나 살아보면 별로 달라진 게 없고 매한가지니까 말이다. 올해도 평탄한 한 해를 계획에 맞게 잘 보내고 있다.

제야의 종이 울려야 한 해가 마무리되고 새해 첫날이나 한 해의 마지막도 변함없이 달려가고 있는 시계의 초침에서 세월이 가고 있다는 사실이다. 무슨 날만 되면 언론이나 방송에서 사건 사고의 소식이 여과 없이 보도되고 있다. 조용하게 집에서 가족들과 새해의 설계를 해 보는 것도 좋을 것이고 아니면 산새 소리 물소리를 들으며 조용한 산사에서 내일을 설계하고 장래의 설계를 정리하는 것도 더 의미 있는 일이 아닐까.

반대급부反對給付

우리는 일상에서 접하기 싫어도 매일 만나야 하는 게 경제이다. 그러나 경제가 무어냐고 물어보면 선뜻 대답하지 못하고 머뭇거리게 한다. 삶 자체가 온통 경제에 녹아 있다.

오래전인 1969년에 있었던 일화 하나를 소환해 본다. 서울 성북구 수유리에 있는 새마을금고 연수원에서 있었던 일이다. 피교육생은 항상 정신적으로 피곤에 지쳐 있다. 그래서 점심 식사 후 오후 첫 강의 시간은 엄청난 무게로 짓눌리는 눈까풀을 감당하기가 매우 힘든다. 아예 강의를 포기하고 턱을 괴고 잠을 청한다. 더구나 흥미롭지 못한 경제학 강의는 더 그러했다. 서울의 명문 고려대 이 모 교수의 경제학 강의 시간이었다.

경북 성주 출신의 이 교수는 아예 잠을 자라고 했다. 당시의 궁핍했던 시절의 본인 얘기를 들려주었다. 웃음을 자아내게 하는 주제는 주로 방귀나 변便, 아니면 남녀 간의 사랑 얘기로 시작된다. 역시 용변의 얘기였다. 넉넉치 못한 가정에서 용변 후 뒤처리를 하려면 종이가 귀한 때라서 주로 짚을 둘둘 말아서 처리를 했다. 혹여 말아 놓은 짚이 몇 가닥 풀어지면 엉덩이 전부를 변으로 풀칠을 하게 된다. 또는 짚으로 새끼를 꼬아서 줄을 매어 놓고 온 식구가 용변 후 줄타기를 한다고 했다.

시아버지와 며느리가 같은 줄을 탄다고 하는 말에 강의실이 웃음바다가 되었다. 그것도 안 되는 집은 가야산에서 흘러내린 삐쭉삐쭉한 돌을 주워 와서 해결하다 보면 엉덩이에 유혈이 낭자하다고 했다. 아예 배꼽을 쥐고 야단이 났다. 그 무겁던 눈까풀은 어디 가고 모두 눈망울이 말똥하다. 이때 본론 강의가 귓속을 파고든다. 과연 명문대 교수답다. 강의료가 아깝지 않다며 우레 같은 박수가 터져 나왔다.

반대급부의 법률적 의미는 어떤 급부에 대하여 교환 관계에 있는 것이며, 매매 관계는 반드시 현금이어야 한다고 한다. 근로자가 노동을 제공하고 사용자로부터 임금을 받는 형식이 정상적인 반대급부에 해당된다고 한다. 우리 고유의 미풍양속으로 주고받는 정도 일정 한도를 벗어나면 법의 심판을 받아야 된다. 불법적인 반대급부가 성행하고 있는 요즘은 이현령비현령이다. 이 교수의 강의에 대한 반대급부는 이의를 제기할 수 없었다.

고려시대의 이규보는 과거에 낙방하고 "유아무와唯我無蛙 인생지한人生之恨"이라고 대문에 써 붙였다고 한다. 옛날에도 불법적인 반대급부가 있었음을 말해 주고 있다. 위의 글귀는 까마귀와 꾀꼬리가 노래 시합하는 과정에서 심판인 백로는 까마귀를 우승시킨 데서 나온 일화이다. 까마귀는 개구리를 잡아서 백로에게 바쳐서 우승을 하게 되었다. 즉 와이로蛙利鷺로 우승을 했다는 내용이다. 이웃 나라 일본에서는 와이로를 회로 또는 뇌물이라고 한다. 정상적이지 못한 반대급부는 뇌물이므로 법의 심판을 받아야 한다.

얼마 전에 치러진 대선을 보면서 한심한 생각에 치를 떨었다. 불법적인 반대급부를 엄청나게 저질러 놓고도 말마다 궤변으로 남 탓으로 떠넘겼다. 후안무치도 정도껏 해야지 시정잡배도 안 하는 짓을 해놓고도 할 말을 하고 있으니 저질을 넘어 스스로 오랏줄로 칭칭 동여매는 짓을 하고 있었다. 다시는 이 땅에서 이 같은 사람이 두 번 다시는 나오지 말아야 할 것이다.

어느 누구든지 잘못을 저지르면 잘못을 뉘우치고 사과하면서 용서를 빌고 다시는 안 하겠다는 각오도 밝혀야 한다. 준엄한 법의 심판이 그러하다. 청렴결백이나 정도를 가는 사람이 그쪽으로 갔다가는 아마도 뭇매를 맞고 쫓겨났을 것이다. 우리 모두는 혹시라도 정상적이지 못한 반대급부를 행하지 않았는지 다시 한 번 되돌아보게 하는 기회로 삼아야겠다.

돌연변이

날씨가 따뜻해지면 사람도 몽롱할 때가 있는데 식물도 그럴 때가 있는가 보다. 봄이 꼬리를 내리면서 곧 여름 계절로 접어드는 입하가 문밖에서 기다리고 있다.

몇 년 전에 이웃집에서 게발선인장을 얻어서 화분에 심었다. 몇 해가 지나도록 꽃을 피우지 않았다. 관리 부실로 제대로 대접해 주지 않아서일 게다. 지난해에는 밥도 주고 물도 주고 부지런히 관심을 가지고 관리를 했다. 눈치를 챘는지 가을에 화분이 가득할 정도로 예쁜 꽃을 피워서 보답을 했다. 매우 반가워서 고맙다고 인사를 거듭 보냈다. 본래 선인장꽃은 예쁘긴 하지만 오래가지 않는 습성이 있다. 며칠 동안 보여주던 꽃들이 시름시름 고개를 떨어뜨리고 졸고 있기에 거실에서 베란다로 자리를 옮겨 놓았다.

이게 웬일인가. 월동을 하고난 게발선인장이 5월이 가까워 오니 꽃봉오리 하나가 고개를 내밀고 대화를 하잔다. 어찌된 영문일까? 혹여 지난해에 꽃을 못 피운 게 오기로 용기를 내서 꽃봉오리를 밀어올린 것인가. 인적이 드문 산길을 혼자 걷다가 말동무를 만난 것만큼이나 반가웠다. 싱싱하고 발랄한 꽃망울이 통통하게 자리를 하고 있었다. 혼자서 외로울 텐데도 오히려 우쭐대고 있는 듯했다.

아마도 2~3일 후면 활짝 핀 예쁜 꽃을 볼 수 있을 것 같기도 하다. 가시가 있어서 겉모습은 보잘것없지만 꽃은 정말 예쁘다. 새색시 모양 다소곳한 모습이다. 우연이긴 하지만 꽃을 볼 수 있는 기회가 찾아와서 매우 기쁘다. 미루어 생각컨대 아마도 올가을엔 더 많은 예쁜 꽃으로 찾아올 것만 같은 느낌이 든다.

사람도 마찬가지이지만 농작물이나 식물도 대접하기 따라 결과가 달라지게 마련이다. 돌연변이라도 좋으니 예쁜 꽃을 피우도록 오랜 친구 바라듯 기다려진다. 며칠 후면 활짝 핀 꽃을 반갑게 만나게 될 것 같다. 혼자라서 외로울 수도 있을 것 같아서 말동무로 달리아 화분을 준비해서 옆에 두었다.

작년 봄에 구입해서 키우던 달리아가 새싹 한 대를 밀어 올려 파란 잎을 매달고 올라와 있다. 달리아는 여러해살이 구근식물인데도 어떻게 한 대만 달랑 밀어 올렸는지 모르겠다. 외로운 처지라서 화분을 옆에 붙여 놓았다. 달리아의 외톨이 줄기와 게발선인장의 외톨이 꽃이 서로 교감을 하면서 외로움을 달래도록 하였다. 사람들도 외로운 이웃끼리 서로 친하게 지내면 좋은 이웃이 되듯 식물도 서로 외로운 처지를 이해하면서 친하게 지내는 게 좋지 않겠나 싶어서다.

푸른 잎으로 고개를 내민 달리아도 게발선인장처럼 예쁜 꽃을 피워 한가족처럼 지내는 모습에서 지나간 인생길을 더듬어 보게 한다. 사이좋게 잘 살아가도록 부족함이 없이 보살피는 데 게으름 없는 관심과 노력을 아끼지 않을 것이다.

시간의 무게

아침에 일어나서 눈을 떠 보니 하늘은 금방 비가 쏟아질 듯 얼굴을 잔뜩 찌푸리고 있었다. 몸은 천근만근으로 축 늘어지고 근육은 부어오르고 뼈마디는 서로 삐걱거리며 마찰음을 낸다.

하루의 날씨가 맑고 흐림에 따라 사람의 몸도 흐렸다 개었다 한다. 시간도 그날의 기분에 따라 움직이고 있다. 마음이 급하거나 좋지 않은 일이 있을 때는 1분이 멀다 하고 연방 시계를 쳐다보게 된다. 그러나 즐거운 일이나 기분이 좋은 날은 시계를 볼 틈도 없이 하루가 후딱 지나간다. 막걸리잔이라도 앞에 놓고 히히덕거리다 보면 어느새 바깥이 어둑어둑해 온다. 때로는 별빛과 달빛의 전송을 받고 귀가할 때도 더러는 있게 된다. 시간의 흐름은 변함없이 그대로 지나가 버린다.

며칠 전 모 신문에서 '이어령의 마지막 수업'이라는 내용에 대한 칼럼을 읽은 적이 있다. 이어령 선생께서는 "요즘은 아프니까 밤낮 몸무게를 재거든, 시간에도 무게가 있어, 매일 가벼워지거든. 옛날에는 무거워지는 걸 걱정했는데 지금은 가벼워지는 게 걱정이야. … 늙으면 한 방울 이상의 눈물을 흘릴 수 없다네. 노인은 점점 가벼워져서 많은 걸 담을 수 없어, 눈물도 한 방울이고 분노도 성냥불 획 긋듯 한 번이야. 소리내어 한참을 우는 것도 젊음의 행복"이라고 했다.

오랜 세월을 살아오면서 수없이 부딪쳤던 일들이 시간의 무게로 인해 가벼웠다 무거웠다 했음을 이제야 알 것 같다. 어린 시절 명절을 기다리며 병아리 발가락 같은 손가락을 접었다 폈다 했던 일, 어른이 빨리 되고 싶어서 안절부절못했던 일 등 시간의 흐름을 얼마나 마음 졸이며 기다렸던가! 당시만 해도 시간의 속도를 붙잡고 늦다고 투덜대고 있었지 않았던가. 이제 보니 시간의 무게에 따라 빠르기도 하고 늦기도 했음을 알 것 같다.

뿐만 아니라 젊었을 때에 과체중의 조절을 위해 갖은 고생을 하였건만 지금은 오히려 가벼워지는 체중을 지키려고 건강에 매달리고 있다. 나이 들고 병들면 많은 걸 담을 수 없어서 가벼워진다는 시간의 무게를 예감하지 못하고 지내왔다. 많은 노인네들이 건강하고 싶지만 막상 하려고 들면 할 수 있는 게 별로 없다.

휴대폰에서 자주 접하는 누워 있으면 죽고 걸으면 산다는 정도의 말만 떠올려 볼 따름이다. 이마저도 통계를 보진 못했지만 일부에 국한하지 않을까 짐작이 된다. 그나마 조금은 다행스러운 소식은 건강을 찾으려는 파크 골프 회원들이 많이 늘어나고 있다고 한다. 그래서 각 지방 자치단체들이 부족한 시설을 확충한다고 하니 즐거운 비명이라고 할 수 있다.

두 주먹 불끈 쥐고 우렁찬 함성으로 태어났지만 이젠 그 주먹을 풀어 활짝 펴고 모든 걸 놓아주면서 가벼워져야 할 때이다. 시간의 무게가 가벼워야 쉽게 떠날 수 있기 때문일 게다. 그래서 공수래공수거라고 하지 않았나 싶다.

2
세상에서 가장 먼 여행

다양한 길이 머릿속에 설계되지 못했음으로
지금도 곧고 바른 외길만의 긴 여행을
하고 있지 않나 싶다.

바른길의 빈자리

'바른길'이란 '굽지 아니하고 곧은길, 정당한 길, 참된 도리'라고 우리말 사전에서 기술하고 있다.

세상을 살아가는 데 우리 모두의 소망이고 바람이리라. 바른길을 가고 싶지 않은 사람이 어디 있으랴. 그래서 바른길은 교육의 지표가 되고 학교에서도 '바른 생활'이라는 교재로 교육을 하고 있다. 특히 자라나는 새싹들에게는 필수과목으로 자리매김하고 있다.

옛말에 "모로 가도 서울만 가면 된다."고 했다. 이는 수단과 방법을 가리지 않고 목적만 달성하면 된다는 얘기이다. 어떻게 살아야 바른길로 사는 것일까. 우리 모두가 바른길로만 산다면 정부 기관인 경찰, 검찰, 법원, 교도소, 교정청 같은 기관은 존재 가치가 없게 된다. 이처럼 바른길만 가는 그런 사회가 된다면 얼마나 살기 좋은 세상이겠나 싶다.

바르고 곧은길은 너무 단조롭고 무의미할 뿐만 아니라 인간의 존재 가치조차도 건조해진다. 사회의 구조는 어울려 살면서 길고 짧고, 선과 악, 부와 빈, 귀와 천이 서로 비교하면서 살아가도록 형성되어 있다. 유감스럽게도 필자가 지금까지 걸어온 길도 바른 길, 곧은길, 외길만을 택하여 살아왔다고 볼 수 있다. 다양한 변화에 적응하고 돌발적인 상황에 대응하는 데 많은 난관에 부딪힐 때도 많았다.

2016년 11월 모 언론사에서 필자를 두고 "금융계의 청백리" "최장수 금융 맨"이라고 기사화해서 보도하기도 했다. 이 얼마나 삭막하고 멍청한 삶의 표현인가. 물론 비리나 부정과 연결되지 않고 청렴결백을 강조하고는 있지만 꼭 좋은 일이라고만 할 수 있는 것은 아니라고 생각한다. 서민 금융업에서 50년이 넘도록 재직하면서도 재테크는 아예 금기시했으니 치부致富는 희멀건 맹탕이다.

세상을 살면서 금전에 대한 3가지의 고정관념을 설정하고 그 범주를 벗어나지 않으려고 노력하고 있으니 외골수가 될 수밖에 없었다. 거의 일평생을 금융업 쪽의 고정관념으로 굳어져 있어서 정도正道와 완벽이라야지 어설픈 대충은 허용될 수가 없었다. 비리는 아예 절벽을 쌓고 살아왔다.

문학을 하면서도 은유와 형상화, 이미지화해야 되는 부분은 외골수로 완전 절벽에 가깝다. 반구형의 대뇌 2개와 소뇌는 문학 쪽

엔 공실로 비워져 있는가 보다. 작품은 독자에게 몰입감, 유혹감, 가치관을 부여하지 못한다면 존재의 가치를 잃게 된다. 절필의 생각이 지근거리에서 머뭇거린다. 일수불퇴로 외통수에 걸린 장기판이 바른길과 곧은길의 동선과 같으리라.

문학 작품은 최소한 독자에게 동기 부여나 호기심이라도 있게 하려면 외길인 바른길만을 고집하지 말고 일찍부터 뇌에 공실이 없도록 다양한 경험을 바탕으로 해야 하지 않을까 생각된다. 이젠 글 쓴다는 게 넌지시 겁이 날 지경이다. 그러니 독자들을 근거리에서 만날 수 있는 좋은 글은 점점 뇌리에서 거리를 두게 한다.

꼰대

우리 속담에 "보기 좋은 떡이 먹기도 좋다"는 말이 있다. 마찬가지로 듣기 좋은 말도 듣는 이로 하여금 즐거움과 활력을 주는 활력소가 된다.

꼰대라는 말은 어감상으로 선입감이 별로 좋은 뜻은 아닌 것 같아서 우리말 사전을 뒤져 보았다. 사전적 의미는 '늙은이를 이르는 은어'라고 했다. 또 어느 신문 칼럼에서는 "기성세대가 자신의 경험을 젊은이들에게 일방적으로 강요하는 행위"이며 "일방통행은 외롭다"고 했다. 일본의 소노 아야꼬는 그의 저서에서 "고령은 자격도 지위도 아니다."고 했으니 노인과 어른들이 머물러야 할 곳이 점점 사라지고 설 자리조차 없는 허탈감이 든다.

지난날을 뒤돌아보니 나는 꼰대 중에도 왕꼰대가 되어 있었다. 유년 시절에 서당 글 몇 줄을 읽은 게 화근이었다. '언행일치' '예의범절' '미풍양속' '관혼상제'를 입에 달고 살았으니 말이다. 한술 더 떠서 책과 신문에 투고까지 했으며 결혼식에서 첫출발하는 신랑 신부에게 당부하는 주례사에도 단골 메뉴로 사용했다. 조상들의 가르침을 후손들에게 전하는 것이 결과적으로 식자우환識字憂患의 낭패를 만든 셈이 되었다. 이젠 입에 굵은 자물쇠를 단단히 채우고 살아야 되겠다.

얼마 전에 모 방송국에서 꼰대에 대한 이 분야의 전문가(교수) 두 분을 모시고 대담을 진행했다. 두 눈을 크게 뜨고 화면에 시선을 고정했다. "나이 든 사람들의 아날로그식 낡은 생각을 디지털로 바꾸라."고 했다. 그래서 몸과 마음, 지식을 체인지(change, 體, 仁, 智)하므로써 벗어날 수 있으며 호칭도 꼰대가 아닌 '선배'라고 하는 게 타당하다고 했다.

인도의 성자 간디도 "생각을 바꾸면 일상이 바뀌고, 일상이 바뀌면 습관이 바뀌고, 습관이 바뀌면 인생(운명)도 바꿀 수 있다."고 했다. 하루가 다르게 급변하는 시대를 살아가려면 낡은 생각은 헌신짝 버리듯 하루속히 미련 없이 버려야 하지만 그게 말처럼 쉽지가 않다. 뱁새가 황새걸음을 따라가는 것만큼이나 어렵다.

옛말에도 "60 넘은 할아버지가 3살 손자한테 배운다."고 했다. 영국의 낭만주의 시인 윌리암 워즈워스도 "아이는 어른의 아버지"라고 했다. 라떼(나 때에는)를 찾는 구시대적 사고방식은 시대를 역주행하는 것과 다를 바 없다. 젊은이들을 스승처럼 모시고 열심히 배워야 한다. 요즘은 휴대폰으로도 세상을 다양하게 생활할 수 있어서 다행스럽다. 코로나 시대에 따른 출입도 휴대폰 앱 설정으로 간편하게 출입이 가능하니 시쳇말로 배워서 어디 남 주나.

일상생활에서 소외되거나 멸시 받지 않고 꼰대에서 벗어나려면 최소한의 소통이라도 하면서 숨 쉬는 날까지 부지런히 변화의 흐름을 따라 살아야 할 것 같다. 진정한 참 어른으로 각인되기 위해서라도…….

지겟자리 명당

풍수지리설을 고전에서 살펴본다. 우리나라는 신라시대 때부터 고려에 이어지면서 많이 성행되었다고 했다. 도성이나 사찰, 주거나 분묘 등을 축조 시에 지형이나 방위를 인간의 길흉화복과 연결시키는 이론이란다.

일반 가정에서도 초상이 나면 지관을 대동하고 묏자리를 보러 산으로 간다. 살아서는 주택, 사후에는 유택이 길흉화복에 미치는 영향 때문에 많은 심혈을 기울인다. 지관들의 전언에 의하면 산세가 좌청룡 우백호로 둘러 있고 배산임수면 명당이라고 한다. 풍수지리에 일가견도 없으면서도 장례식에 가면 묏자리 뒤에 앉아서 습관적으로 산세를 살피게 된다.

선고의 유택 마련을 하려고 문중 산에 오른 게 40년 전의 일이다. 지관과 족친이 동행했다. 몇 곳이나 패철을 놓으려니 족친께서 안 된다고 해서 산 아래로 내려오다 겨우 자리를 정했다. 마음이 엄청 편치 않았지만 장례를 무사히 치렀다. 얼마를 지난 후 그날 동행했던 족친께서 후회를 했다는 후문이다. 좋은 자리를 허락한 후회이리라. 선고를 그 자리에 모신 후 집안에서 3명의 박사가 배출되었다. 그런 연고로 박사 터라는 소문도 있었다. 당시만 해도 면내를 망라해도 박사는 몇 안 되었다.

조선조 말엽의 흥선 대원군 이하응은 부친 남연군의 이장을 두고 깜짝 놀랄 만한 후문들이 있었다. 안동 김씨들의 세도에 밀린 이하응은 당시에 유명한 지관 정만인의 도움으로 경기 연천에서 충남 덕산 가야산으로 부친의 유택을 이장했다. 가야사라는 사찰이 2대 천자지지 지형의 명당이라는 지관의 말을 듣고 절을 불태워 없애고 그 터에 부친의 유택을 마련했다. 자칫하면 역적으로 몰려 목숨을 부지할 수 없는 위험을 무릅쓰고 이장을 감행했다. 근래에도 선거를 앞두고 조상들의 유택을 옮기는 후손들이 종종 있기도 하다. 서화담의 제자인 토정 이지함이나 근대를 떠들썩하게 했던 자칭 삼경도사 손석우 등의 명당설은 계속 이어지고 있다.

명당자리에 대한 유년 시절의 황당한 기억을 소환해서 더듬어본다. 당시만 해도 6·25전쟁으로 대부분의 야산들은 모두 나무 한 포기 볼 수 없는 벌거숭이산이었다. 땔감나무를 구하려면 20~30리를 가야 낙엽 등의 땔감을 구할 수가 있었다. 또래의 친구들과 먼 산까지 가서 땔감 한 짐씩 지게에 지고 저녁나절에 집으로 향했다.

지겟자리가 명당이라는 어른들의 말씀을 듣고 명당에 먼저 도착하면 발복이라도 하는 것처럼 죽을힘을 다해 달렸다. 기껏해야 무거운 지게를 지고 가다 벗어 놓고 잠깐 쉬기 좋은 장소인데 명당이면 어떻고 아닌들 어떠랴. 순진무구한 생각에 무조건 달려가서 명당에 먼저 도착하려고 비지땀에 온몸은 범벅이 되었다. 젊음을 되새겨 볼 수 있는 지겟자리 명당이 묵은지 농익은 맛으로 봄날 아지랑이로 피어오른다.

황당한 변辯

사람은 누구나 행복해야 할 권리가 있고 행복한 삶을 추구하고 있다. 많은 사람들이 복을 많이 받으려고 명산대천이나 신앙을 찾아 열심히 복을 빈다.

인간에게 주어지는 복이 오복이라고 한다. 통속 편에서는 수, 부, 귀, 강녕, 자손 중다衆多라고 한다. 그리고 치齒도 오복에 속한다고 했다. 건물을 지어서 상량할 때도 대들보 끝부분에 응천상지삼광應天上之三光 비인간지오복備人間之五福이라고 썼으며 사람의 오복을 갖춘 집이라고 했다.

근간에 오복인 잇몸이 조금 불편해서 인근 치과를 찾았다. 아랫어금니가 식사를 할 때 약간 불편했다. 그렇다고 통증이 심한 건 아니었기에 담당 의사 선생님과 치료에 대하여 상담을 했다. 풍치가 심해서 치근이 조금 녹아 있고 염증도 있으며 흔들리고 있어서 이 뽑기를 해야 된다고 하였다. 환자의 생각에는 치료하면 될 것 같아서 치료를 요구하자 "치과는 치료하는 곳이 아닙니다."고 하였다. 그런 후 다음 말이 또 걸작이다. "이상 있으면 오세요."라고 한다. 결국은 이를 뽑으려면 오고 아니면 오지 말라는 얘기 같았다.

혹여 내 자식도 환자들을 이런 식으로 응대하고 있지는 않는지 매우 걱정스러웠다. 그 어려운 의과대학에서 긴 과정을 거쳐 의사가 되어 남의 생명을 다루는 사람이 이 정도일까 싶었다. 의사가 되면서 '히포크라테스 선서'에 서약한 것을 잠시 잊어버렸는지 아니면 다른 생각이 있었는지 알 수는 없지만 너무나 황당한 일이라서 정신이 아찔해 왔다.

군 생활을 할 때의 일이 생각난다. 의무 부사관으로 보병 7사단 의무 보급을 담당하고 있었다. 앞니가 조금 튀어나와 보기 싫어서 뽑고 금니를 해 달라고 군의관한테 말했다. 물론 금은 보급 수령해서 갖다주겠다고 했다. 아무리 금니가 좋아도 부모님이 내려주신 생니만큼 하겠느냐며 만류를 하기에 포기한 일이 있었다. 그런데 내가 갔던 치과에서는 치료보다는 이 뽑기에 몰두했다. 혹여 빈집 수리보다 새집 짓는 게 수월한 쪽을 택해서 많은 수익을 염두에 두고 하는 말은 아니겠지.

그래서 주변의 다른 치과를 가 보았으나 역시 이 뽑기 의견이고 치료는 안 된다고 했다. 다시 대구에서도 제법 소문난 치과를 가 보았다. 사진 촬영 후 상담을 했으나 이름값만큼이나 더 어처

구니가 없었다. 치료는 안 되고 4개를 이 뽑기 해야 된다고 했다. 치료의 개념은 눈을 닦고 봐도 찾아볼 수가 없었다. 물론 치아 상태가 못 견딜 정도면 이해가 되지만 그렇지 않은데도 치료 받기가 이렇게 어렵나 싶었다.

마지막으로 치과대학병원을 갔다. 풍치가 많이 진행되어서 치근도 조금 녹고 염증도 있으며 뿌리가 흔들린다고 하면서 최대한 치료를 해보고 안 될 경우엔 이 뽑기를 하자고 했다. 내가 원하는 생각과 같았다. 마취를 한 후에 치근의 치석을 긁어내면서 열심히 치료를 받고 있는 중이다. 상태가 최악의 경우이면 어쩔 수 없지만 그렇지 않은 경우는 최대한 치료 위주로 치료해 주는 치과가 대학병원 외에 일반 치과도 있었으면 하는 바람이다.

실내의 캠핑

캠핑이라고 하니 갑자기 MZ 세대들이 먼저 떠오른다. 산업화 세대의 꼰대들에게는 익숙치 않은 꿈같은 말로 들린다. 캠핑이라는 외래어가 익숙할 리도 없거니와 경험해 본 일도 없기 때문이다. 어쩌다 TV를 통해서 가끔 보아 온 기억뿐이다.

젊은이들이 가정과 직장이라는 좁은 공간에 얽매여서 허덕이다가 쉬는 날이 되면, 드넓은 자연의 품에서 싱싱한 기량을 마음껏 발산하고자, 야외에서 캠핑카나 텐트를 치고 몸과 마음을 휴식하며 날밤을 새우는 게 캠핑이리라. 느닷없이 아들이 엄마는 집에서 캠핑을 하라면서 실내용 텐트를 불쑥 내밀었다.

어리둥절한 집사람은 “야가 뭐라카노. 캠핑은 젊은 느거들이나 하는 거지, 다 늙은 이 나이에 그거 내가 할 짓이가?”라며 옻나무 지팡이를 사리듯 손사래를 친다.

몇 해 전에 거실 창문에 설치했던 커튼이 답답하다며 거두었다. 거실에서 자면서 창틈으로 새어 들어온 외풍으로 감기를 몸에 달고 살았다. 바닥은 보일러와 전기매트로 훈기가 있지만 몰래 스며드는 밤의 침략자인 외풍은 바늘구멍에 황소바람으로 기어들어 온다. 맨날 약봉지를 안고 있으니 보다 못해 실내용 텐트를 준비했단다. 얇은 천으로 바람을 막고 앞뒤와 옆구리를 지퍼로 해서 출입이 편하도록 제작한 '따수미 텐트'라고 이름을 달고 있었다.

그해 겨울이 되자 아들의 재촉에 못 이겨 겨우 잠잘 때만 거실에 설치했다. 찬 공기를 막아주니 우선은 감기를 예방할 수 있었다. 지퍼를 열고 들락거리기에는 다소 번거로워도 약봉지를 멀리 할수 있어서 다행이었다. 어허! 당신은 집에서 편안하게 캠핑을 즐기네. 많이 젊어지겠다. 농을 건넨다. 캠핑은 무슨 캠핑이고, 시큰둥하며 멋쩍어했다. 그것도 잠시뿐이고 '따수미'를 홀로 두고 먼길을 떠나 버렸다.

지난해에 주인을 잃은 따수미는 삼동이 되어도 비익조처럼 날개를 펴 보지도 못한 채 수납장 구석에서 눈치만 살피고 있다. 구석진 공간에서 홀로 지내는 따수미가 안타까워서 올겨울에는 따수미가 날개를 펼 수 있게 홀아비인 내가 실내 캠핑을 하기로 했다. 생각보다는 매우 실용적이었다. 발가벗은 고목이 봄을 만난 듯 포근했고 사면을 차단한 분위기는 세상을 벗어난 우주 공간에 머무는 듯했다.

야외 캠핑 분위기를 흉내내고자 텐트 안에 물컵과 플래시 휴대폰 휴지 등을 머리맡에 두었다. 눈을 감으니 그동안 어둠에 숨죽이고 웅크려 있던 기억들이 미련한 곰의 움직임으로 다가온다. 먼저 떠난 이의 온기와 훈기가 솜이불을 덮은 듯 포근하게 온몸을 감싼다. 지나온 길은 잊어버리고 현재는 젊은이로 캠핑 중이다. 따수미의 고마운 베풂이었나!

자연산 바다의 맛

자연이란 무엇일까? 우리는 일상생활에서 자연에 대한 정의나 혜택을 모르거나 잊고 살아왔다. 어쩌다 산을 오르거나 농수산물을 대할 때를 제외하고는 거의 자연을 입에 올리지 않았다.

우리말 사전에서 자연은 '사람의 힘을 더하지 않은 저절로 된 그대로의 현상, 또는 사람의 힘으로 어찌할 수 없는 우주의 질서나 현상'이라고 설명하고 있다. 알쏭달쏭해서 알 것도 같고 모를 것도 같다. 간혹 농산물의 친환경인가 싶기도 하고 양식업과 비교되는 해산물의 자연산을 두고 말하는 것쯤으로 생각할 따름이다. 천혜의 태양, 폐부를 파고드는 맑은 공기, 변화무쌍한 사계절의 변화 등 대가 없는 자연의 혜택은 당연시하고 지나쳐 버린다.

일 년에 한두 번씩 떠나온 고향 친구들을 만나려고 고향을 찾는다. 개울물에서 물장구치고 감꽃 주워먹고 밀서리로 얼굴에 검정 칠하던 친구들이다. 월포리 바닷가의 식당으로 자연산 회를 먹으러 가잔다. 양식 회보다는 맛이나 탄력 있는 식감에서 차이를 느낀다. 역시 혓바닥은 거짓 없이 정직했다. 먹는 즐거움이 입 안을 가득 메운다.

어쩌다 그 친구들과 포항의 죽도시장으로 갈 때면 아주 못마땅한 듯 그물에 걸린 물고기의 표정으로 토해낸다. 대뜸 "대구 사람들은 이걸 회라고 여기까지 먹으러 오나!" "자연산 먹던 입에 우리는 못 먹겠다."고 거침없는 거절이다.

내륙에 살고 있는 대구 사람들은 주말이 되면 서로 몸을 부딪치면서 북새통을 이루며 죽도시장으로 몰려들고 있는 현장을 보면서도 그런 말이 쉽게 나올까 싶다.

자연산 회맛보다 혓바닥으로는 느낄 수 없는 구수한 고향 맛에 한바탕 배꼽을 쥐어짜게 한다.

"야, 인들아야. 보청기 끼고도 말귀를 못 알아들으면 보청기를 동해바다에 버려라. 내가 송곳으로 콱 쑤셔 시원하게 뚫어줄게."

"야, 인마야. 송곳은 우리 집에도 있다. 그런 걱정은 느거 집구석에 가서나 해라."

오랜만에 듣는 고향 친구들 말에 속에 든 내장을 끄집어내듯 배창자를 뒤집어 움켜잡곤 한다.

창밖을 내다보니 동해의 푸른 물결이 넘실넘실 춤을 추며 내게로 달려온다. 싸늘하고 짭짤한 바다 냄새가 폐부를 파고든다. 고향 친구 덕에 쫄깃한 자연산 회로 배를 채우고 짭짤한 바닷바람으로 허파를 맑게 하니 이것이 자연산 바다 맛이구나 싶다. 어느덧 해가 저만큼 자리를 옮겼다. 자리를 털고 일어서며 80대 중반인 친구들의 뒷모습에서 다음 약속이 영글기를 염원해 본다.

관심과 초조

길게만 생각했던 한 해가 어느덧 저물어 12월에 들어섰다.

새해초에 마음을 다지며 세웠던 한 해의 계획이 누렇게 뜬 낙엽이 되었다. 세상사를 품고 있는 바싹 마른 낙엽에서 내 모습을 보게 된다.

이때쯤이면 저물어 가는 인생, 취업과 진학을 앞둔 수험생, 미혼의 남녀들은 초미의 관심과 초조에 긴장을 감추지 못한다. 분주했던 하루하루가 고삐 풀린 망아지인 양 마구 달려 반갑잖은 주름과 나이테를 선물로 준비하고 있다.

평범한 일상에서도 초조하게 기다리거나 많은 관심이 요구되는 경우는 주변에 항상 널려 있다. 경조사나 행사 일정에 구름만 끼어도 하늘만 쳐다보게 된다. 날씨가 가장 좋은 부조라고 한다. 농부나 어부들도 눈만 뜨면 매일 하늘을 쳐다보며 초조하기는 마찬가지다. 길을 가다가도 쉽게 접할 수 있는 교통사고의 경우도 사고의 쌍방은 물론이고 보호자들의 기다림은 일분일초를 다툰다. 생사를 다투는 초조함과 불안은 출산을 앞둔 임부나 임종이 임박한 경우도 다르지 않을 것이다.

10여 년 전의 다급했던 순간의 기억을 반추해 본다. 삼천포로 정신없이 달려간 일이 있었다. 동생이 직장 동료의 별장에서 일산화탄소에 중독되어 고압 산소 치료를 받기 위해 가고 있다고 했다. 대구에서 병원까지 버스로 이동하는 동안은 생과 사를 넘나드는 초조의 순간이었다. 3,000기압의 고압 산소는 제주와 삼천포뿐인데 해녀들의 잦은 바다 사고 때문이란다. 뇌세포의 손상은 총명하고 명석했던 동생을 기억 장애의 터널에 머물게 하였다. 가족들의 고통을 담보로 다소 불편은 있지만 고희를 지났으니 앞으로는 모든 고통에서 벗어나 남은 여생은 행복했으면 하는 바람이다.

노년의 건강을 위해 오래전부터 자식이 운영하는 의료기관을 찾는다. 건강 체크와 예방 차원의 각종 진료를 받으려고 한 달에 한두 번씩 들른다. 호미로 막을 일을 삽으로도 못 막는 때를 놓치는 어리석음을 범하지 않기 위해서다. 특히 성인병인 고혈압, 당뇨, 뇌졸중, 뇌경색, 심장마비, 심근경색 등의 진행을 예방하기 위해서 몸을 부담 없이 맡긴다. 아비의 건강을 염려해 주는 자식 된 도리겠지만 미안한 마음도 든다. 자식 덕 본다는 핀잔도 구수하게 들린다.

사람의 키보다 조금 긴 원통형에 'O2'라는 이름표를 달고 옆구리에 출입구를 낸 캡슐에 들어간다. 우주선으로 들어가는 기분이었다. 일상에서 산성화된 몸의 조직과 기관들의 세포를 정화하기 위해서다. 한 시간 동안 12기압의 산소에 배추 절이듯 몸을 절인다. 밀폐된 공간에서 그간에 살아온 시간들과 먼 길을 가야 할 생각들이 교차한다. 아바타 도요는 그의 저서 '약해지지 마'에서 "인생이란 언제 누구라도 지금부터"라고 했다. 초침이 가는 소리가 무겁게 초조한 마음을 억누른다.

이어서 수액실로 안내된다. 각종 약물과 수액이 기다리고 있다. 수액이 체내에 주입되는 만큼 배설도 서두른다. 가급적이면 약병을 과일 달 듯 매달고 나가지 않으려고 최대한 인내심을 발휘한다. 병에서 떨어지는 양과 남은 양을 저울질한다. 그제서야 스님들의 근심 걱정을 덜어주는 해우소가 낯설지가 않은 친구처럼 나에게로 접근한다. 예방에 관심을 두면 발등의 불을 끄듯 다급하고 초조한 마음에 조금은 여유를 가질 수 있지 않을까 생각을 해본다.

세상에서 가장 먼 여행

일요일 아침에 신문을 펼쳐 드니 눈동자를 자극하며 번쩍 들어오는 게 있었다. 조선일보 김윤덕 부장의 '아무튼, 줌마' 칼럼의 '뭘 쓰죠?'였다. 내가 고민하고 있는 것을 어찌 알았을까! 족집게로 꼭 집어내어서 묻는 것 같았다.

문인이라는 허우대만으로 버텨내려니 고민이 이만저만이 아니다. 가끔씩 소속된 문단에서 원고 청탁이 날아오는 날엔 아예 거들떠보지도 않고 멀리 도망이라도 치고 싶은 심정이다. 정말 뭘 쓸까? 몸을 뒤척이면서 텅 빈 머릿속은 몇 바퀴나 돌고 돈다. 빈 공간인 머릿속은 육필의 글이 나올 리 없으니 헛고생으로 날밤을 새운다.

김윤덕 부장은 글쓰기란 그렇게 녹록한 게 아니란다. 재미와 의미라는 두 마리 토끼를 다 잡아야 한다고 한다. 독특한 소재와 개성을 겸비한 문장력과 구성, 연출력과 정보 전달력이 있어야 재미있게 읽힐 수 있다고 한다. 또 그는 글을 쓰고자 하는 모든 이들에게 문학적 감수성 필요를 강조하는 제언을 추가한다. 가당치도 않은 글줄을 붙잡고 몸부림을 치는 나로서는 바람에 나부끼는 나뭇잎처럼 고개부터 좌우로 흔들고 있다.

언젠가 보았던 고 김수환 추기경님의 말씀이 새삼스럽게 반추되어 떠오른다. '이 세상에서 가장 먼 여행'이라는 말씀이다. 통상적으로 여행은 나만을 위한 자기발견으로 경험과 추억 또는 모험의 과정을 거쳐 참다운 삶의 의미를 발견하는 것이리라. 먼 길 여행은 해외로 나가서 장기간 여행하는 것쯤으로 생각된다. 그러나 김 추기경님은 "머리에서 가슴까지의 여행이 가장 먼 여행"이라고 하셨다.

아마도 머리에서의 깨달음이 마음으로 전해지고 그 깨달음이 마음을 열고 수행으로 실천하는 데 필요한 시공간의 여행인 신앙의 길이 아닐는지! 깨달음에 도달할 때까지는 사람에 따라 다 다르기 때문에 긴 여행이 될 것이다. 머리의 깨달음이 없는 나로서는 글다운 글을 쓰기는 언제쯤 도달할는지 머릿속은 오리무중이다. 그래서 항상 '뭘 쓸까?' 하고 긴 시간을 고민에 빠진다. 이런 순간이 나에게는 가장 먼 여행이 아닐까 싶다.

길은 곧고 바른길이 편하고 좋다고들 한다. 백세 시대 기준으로 반평생을 금융이라는 외길만 걸었으니 머릿속에도 곧고 바른 외곬로만 채워져 있다. 문학이라는 큰 단어가 비집고 들어갈 틈을 내어줄 생각을 않는다. 구차스런 변명이지만 지식을 얻고자 해도 가방끈이 짧았고 책에서 길을 찾고자 해도 주머니 사정이 허락하지 않았다. 그러니 다양한 길이 머릿속에 설계되지 못했음으로 지금도 곧고 바른 외길만의 긴 여행을 하고 있지 않나 싶다.

머리가 둔하면 손발이 고생한다고 한다. 삶이 힘들어 가슴속에 뱀처럼 똬리를 틀고 있는 울분을 풀어내려고 목 놓아 대성통곡으로 울어도 보고, 때로는 실성한 사람처럼 황소 하품하듯 생긴 대로 입을 크게 벌리고 박장대소로 웃어도 보았다. 그래도 안 풀리면 낯선 곳으로 훌쩍 떠나 혼자가 되어 고독을 씹어 보았다. 그러나 머릿속의 다양한 길은 열리지 않았다. 주제넘게 문인이라는 미명 아래 버티고 있는 게 한심스럽다. 머릿속의 다양한 길을 찾아 떠나는 여행이 나에게는 가장 먼 여행이 될 것이다.

치레

얼마 전에 지인들을 집으로 초대한 일이 있었다. 거실에 들어서서 집안을 한번 쭉 둘러보더니 사진치레라고 했다.

그 말을 듣고 새삼스럽게 나도 둘러봤더니 과연 그럴 만했다. 거실의 양쪽 벽에 20여 개의 사진과 액자들이 서로 옆구리를 끼고 일렬로 걸려 있었다. 그러나 정작 본인은 치레라는 생각을 해본 적이 없다. 모두가 자기들의 자리에 질서 정연하게 배치되어 있다고만 생각했을 따름이다.

그러면서 생각해 보니 치레가 주위에 많이 널려 있었다. 우리말 사전을 뒤적였다. '잘 손질해서 모양을 내는 일, 광식光飾' 그리고는 "무슨 일에 실속 이상으로 꾸미어 드러냄, 외면外面"이라고 했다. 치레를 살펴보니 겉치레, 속치레, 체면치레, 인사치레들이 있고 이 외에도 우리들의 주변에는 많은 치레들이 있을 것 같다.

한때는 과다한 허례허식으로 과소비를 부추기고 있다고 해서 관혼상제를 간소화하기 위한 가정의례 준칙이 법제화되기도 하였다. 겉치레의 일면이었다. 또한 여성들의 옷이나 화장이 지나치게 화려할 경우도 겉치레로 치부했다. 생각 없이 지나가는 말로만 하는 인사치레도 곧잘 믿고 기다리는 경우도 있었다.

우리의 일상에서 각종 치레를 가만히 살펴보면 진실한 삶과는 거리감을 두는 일들이다. 나의 경우만 하더라도 그 많은 사진들이 내가 살아가는 생활과는 전연 관계가 없고 다만 지난날들의 흔적을 더듬어볼 수 있는 즉 눈요기로만 필요한 거 같았다. 그러기에 방문자의 입에서 사진치레라는 말이 불쑥 쉽게 나올 만도 하다.

치레는 우리들의 일상과 매우 가까운 인연을 가지고 있다고 할 수 있다. 이웃에 살고 있던 타의 추종을 불허하는 가히 수준급 겉치레를 소개하고자 한다. 아예 별명부터 '주렁이'로 많은 사람들로부터 불린다. 엄지손가락만 빼고 8개의 손가락이 모두 반지로 채워져 있고 양쪽 팔목과 목으로 해서 두 귀까지 마치 칡꽃이 드리워져 있듯 주렁주렁 달고 다닌다.

그것도 한 개가 아니고 2~3개씩 겹쳐 달고 있었다. 그 정도면 자랑도 하고 싶어지겠지. 하루도 거르지 않고 매일같이 외출이다. 그래서 항상 외부인들의 시선을 받고 살아가고 있었다. 과연 그 사람의 속치레는 어떠했을까? 궁금증을 불러오기도 한다. 하여튼 대단한 사람이었다.

간혹 외국의 여인들이 온몸에 장신구를 주렁주렁 칡꽃처럼 달고 나오는 모습을 본 적이 있었다. 그들은 몸의 장신구 숫자에 따라 그들의 신분이 정해진다고 하니 그렇게 할 수밖에 없을 것이다. 혹여 주렁이도 그들과 같은 생각으로 주렁이가 되었는지도 모를 일이다. 가히 치레가 병적인 수준으로 발전하고 있는 것 같다. 당장 나부터도 치레 병을 앓고 있으니 할 말은 없다.

황당했던 일들

유소년 시절의 한참 지난 얘기다. 급한 일로 삼촌이 밤에 이웃 마을에 가신다기에 나도 따라나섰다. 그 마을에 가려면 산길을 가야 했고 가는 도중에 작은 연못도 지나가야 했다.

6·25 동란 때에 인근 마을에 살던 처녀가 그 못에 빠져 죽었다고 했다. 가끔씩 머리를 산발하고 소복을 한 처녀귀신이 나타난다는 소문이 파다했다. 캄캄한 밤길이라서 등골이 오싹하게 얼어붙는 것 같았다. 정신없이 길바닥만 보면서 한참을 걸었다. 귀신은 나타나지 않았고 무사히 공포의 연못은 지나갔다.

산길로 접어드는데도 역시 무서운 생각은 마찬가지였다. 어둠을 헤치고 길만 보고 조심조심 걷는데 갑자기 어디에서 돌멩이가 날아와서 발 앞에 떨어졌다. 깜짝 놀라서 발길을 멈추니 삼촌이 앞만 보고 가자고 하셨다. 온몸에선 땀이 비 오듯 등골을 타고 흘러내렸다. 삼촌도 아무 말 없이 계속 길 따라 걷기만 하셨다.

이게 웬일인가? 돌멩이가 또 날아와서 발 앞에 떨어졌다. 등골이 또 오싹했다. 그때서야 삼촌이 돌을 주워서 손에 쥐고 가다가 길바닥에 놓고 가자고 하셨다. 다급하니까 영문도 모르고 시키는 대로 했다. 손에 쥔 돌멩이는 땀으로 흠뻑 젖었다. 몇 번이나 돌을 주워서 길에 놓고 걸음만 재촉하면서 갔는데 돌멩이는 더 날아오지 않았다.

산길을 무사히 벗어나서 왜 돌멩이를 쥐었다가 길에 놓고 가자고 했느냐고 물어보았다. 납닥발이라는 살쾡이인데 사람을 혼란시키려고 돌을 던진다고 하였다. 길바닥의 돌에서 사람의 땀냄새를 맡느라 뒤처져서 돌을 더 던지지 못 했다고 하셨다. 그러는 사이에 우리는 무사히 산길을 벗어날 수가 있었다. 밤이라서 산짐승은 보지 못했다.

중학생 때의 일로 기억된다. 초여름인데 밤비가 부슬부슬 내리고 있었다. 우산을 받쳐 들고 마을 뒤 봇도랑 둑에 바람 쐬러 나갔다. 봇둑에 앉아서 건넛마을을 바라보니 새파란 불덩이가 공중에 막 날아다녔다. 자기들끼리 부닥치니 불덩이가 더 늘어나서 날아다녔다. 어른들로부터 들었던 얘기가 떠올랐다. 비 오는 날은 밤에 도깨비가 나타난다고 하셨다. 아차 이게 도깨비불이구나 하면서도 학교에서 과학을 배웠다고 미신이라고 치부해 봤지만 방금 불덩이가 날아다니는 것을 두 눈으로 확실하게 보았으니 분명 도깨비불이 맞구나 싶었다.

불확실은 확실해야 되기에 다음날 그곳을 찾아가 보았다. 장례식 때에 쓰는 상여를 넣어 두는 상엿집이었다. 귀신들이 비 오는 날 불장난을 하고 있었나 싶기도 하였다. 평소에도 상엿집 근처는 잘 가지 않는 곳이다. 혹여 귀신이 따라올까 봐 겁부터 집어먹기도 하였다. 더구나 비가 오는 날은 더더욱 그 앞을 지나가는 것을 꺼리곤 했었다. 오래된 썩은 나무에서 인燐 성분이 날아다닌다고 했다. 믿을 수도 믿지 않을 수도 없는 황당한 경험을 했다.

핑계

아침에 자고 일어나니 몸이 어제 같지가 않다. 낮에 이리저리 뛰어다녀도 밤에 몸과 마음을 누이고 나면 낮 동안의 피로는 거의 사라지고 아침이면 새로운 하루를 시작하게 된다. 혹여 어제의 피로가 조금은 남아 있어서인가 했다.

우리나라의 의료보험 제도를 거슬러 올라가 보니 1968년에 의인 장기려 박사가 설립한 부산청십자의료보험조합이 민간에서 시초라고 한다. 그런 후 1977년에 정부에서 500인 이상의 사업장 직장인을 대상으로 실시되었다고 했다. 그 후 많은 연구와 제도를 거쳐 1989년에서야 전 국민 의료보험이 확대 실시되었다고 한다. 반신반의한 국민들은 참여를 꺼리거나 반대를 했지만 지금은 정착이 되어 국민들 모두가 많은 혜택을 누리고 있다.

생체 나이 80대 중반인데도 대여섯 곳의 각급 단체 활동에 열심히 뛰고 있다. 흔히들 듣기 좋으라고 나이는 숫자에 불과하다고 하고 건강 검진 결과도 심뇌혈관 연령이 76세로 기록되어 있었다. 담당 의사도 그 나이에 이 정도 건강은 보기 힘들 정도라고 했다. 가는 곳마다 건강하다는 인사도 많이 듣는 편이다. 그런 핑계로 각종 행사에 주야로 열심히 참여하고 있다. 마음이 가는 곳이면 몸도 항상 그곳에서 함께 머물렀다.

일 년 전 어느 날 지인들과 점심 식사를 하고 계산을 하려고 일어서는데 갑자기 어지럼증으로 잠시 움직임이 멈춰진 일이 있었다. 놀란 식당 주인이 119를 호출했다. 차가 도착했을 때는 아무렇지도 않게 회복이 되었다. 그들이 요구하는 확인서를 써 주고 미안하다는 인사를 건네고 집에 돌아왔다. 다시 식당으로 가서 놀란 주인에게도 인사를 했다. 그렇잖아도 아이들이 활동 자제를 몇 번이나 청했지만 강 건너 불 보듯 했으니 미안한 마음도 함께 했다.

곧은길, 바른길로만 직선형으로 살아온 성격 탓으로 구차한 변명이나 핑계는 별로 즐기지 않고 살아왔다. 젊은 시절 4대가 한 솥밥 먹으며 대가족이 함께 살면서 각종 길흉사 때에 복잡한 절차에 환멸을 느끼고 예절도, 행사도, 가족도 간소한 걸 늘 소원해 왔다. 그래서 복잡한 걸 외면하고 간단하고 단순하고 직선적인 삶을 선택하게 되었는가 싶기도 하다.

건강을 핑계로 또 한 번의 낭패를 당했다. 바로 일 년 전 같은 달에 그때와 똑같은 일이 벌어졌다. 점심 식사를 하고 계산대로 가다가 잠깐 행동이 멈추었다. 두 번씩이나 예고를 한다면 그냥 넘겨서는 안 되겠다는 생각이 머리끝을 스쳤다. 정밀 건강 검진을 받아보고 결과에 따라서 지금까지의 과도한 외부 활동을 줄이고 살아야겠다고 다짐을 해 본다. 결과에 따라서 앞으로의 얼개를 가늘고 작게 얽어야 될 것 같다. 그래야 남은 생이 순조롭고, 자식들의 걱정도 덜어주기 위해 마지막 남은 할 일이 아니겠는가.

3
아름다운 거절

서로를 함께 아우르는 일에 아니라고 하기는
나에게는 당나귀가 바늘귀를 통과하는 일만큼이나
어려운 일이다

가슴을 뜨겁게 달군 칠월

여름철 더위의 절정은 삼복이다. 절기도 아닌 것이 항상 7월과 8월에 보일 듯 말 듯 납작 엎드려 잠복해 있다가 때가 되면 그 위력을 발휘한다. 삼복의 불볕더위를 일컬어 염천炎天이라고도 한다.

지구가 온난화되고 있어서 하늘의 불가마(용광로)는 한층 더 기승을 부린다. 대지뿐만이 아니고 사람과 동물, 산야의 모든 초목도 불가마에 파김치가 되어 축 늘어져 흐느적거리게 된다. 그러나 삼복더위를 학수고대하는 사람들도 있다. 여름 방학을 앞둔 학생들, 피서를 갈망하는 젊은이들, 여름 한철 장사로 일 년을 먹고사는 피서지의 상인도 가뭄에 비를 기다리듯 목이 탄다.

농촌의 농작물도 삼복더위에 왕성한 생육 활동으로 가을의 풍요로운 결실을 배태하게 된다. 또한 농사일로 지친 농민들도 복달임으로 보양탕이나 삼계탕으로 원기를 보충하고자 학수고대하면서 갓 수확한 햇감자와 애호박을 넣은 칼국수로 복달임을 즐기기도 한다. 가을 추수기를 위한 충전의 시간이라서 비교적 이때를 한가하게 어정거린다. 그래서 이때를 어정칠월이라고 하지 않았나 싶기도 하다.

삼복 때의 열기만큼이나 가슴을 달군 일이 있었다. 이 세상에 태어나서 한번은 가야 한다면 흔적을 남기려고 시작한 글쓰기로 몇 권의 책을 엮어 내게 되었다. 또한 지인의 권유로 문단에 시인으로 등단하는 영광도 맞게 되었다. 막상 문단에 등단하면서 선배 문인들의 활동을 살펴보니 앞길이 막막하여 후회가 앞섰다. 그러나 이미 들여놓은 발길을 돌릴 수 없어서 이미 준비하고 있던 네 번째 시집 '달빛에 젖은 인생'을 출간하기로 했다.

막상 책을 출간하려고 하니 멈춤의 신호등에서 마음 둘 곳을 찾지 못하고 머뭇거리게 한다. 대구문인협회 심후섭 회장님의 주선으로 섬세한 해설을 담아 주셨고 한국수필가협회 장호병 이사장님의 도움으로 출판의 영광을 누렸다. 그 기쁨이 열기로 변해 삼복더위에 젖은 가슴에 용광로로 달구었다. 그제야 착잡했던 마음은 여름철 햇빛만큼이나 반짝이고 빛나는 책의 모습이 눈동자에서 어른거린다. 더구나 심후섭 회장님께서는 월간 '대구문학' 8월호에 광고까지 곁들여 주셔서 한층 더 시집의 존재 가치를 돋보이게 해 주셨다.

가슴을 달군 열기는 삼복더위보다 더 뜨겁고 후끈하게 달아올랐다. 늦었지만 서점을 찾아 시어사전과 베스트셀러 및 관련 서적 몇 권을 준비해서 독서삼매경에 빠졌다. 미진한 문학 공부를 다듬어서 그동안 도와주신 선배님들의 돌봐 주심에 보답하고자 했다. 마침 코로나로 외출을 자제하고 있을 때라서 오히려 전화위복으로 좋은 기회였다.

그릇은 크기에 따라 담는 모양이 정해지듯 과유불급으로 넘치지 않는 글을 곱씹으며 열심히 매진하고자 한다. 뜨겁게 달군 가슴으로 올겨울은 추위를 잊게 될 것 같다. 이 책이 세상에 빛을 보게 물심양면으로 도움 주신 분들께 다시 한 번 감사의 말씀을 드린다.

부副와의 만남

지나온 세월을 더듬어 보니 부副나 차次와의 만남은 전혀 없었다. 태어날 때도 그러했다. 8남매의 맏이로 장남이었고 가문에서는 7대 주손胄孫이었다. 그 시대의 장남은 가족들로부터 상당히 떠받들렸었다.

초등학교 시절에도 키가 제일 작아서 맨 앞에 서면서도 전교 학생회장이었다. 덩치 큰 동급생들이 꼬마라고 놀려대면 울음이 터졌다. 여자 동급생들이 동생 다루듯 어깨를 쓰다듬으며 눈물을 닦아 주기도 했다. 각 학년 회장들 앞에서는 똑소리나게 회의를 진행했다.

종宗과 장長은 제일 윗자리이다. 그래서 문중의 제일 윗사람으로는 종손이 있고 각급 기관에는 ○○장이 윗자리를 차지하고 있다. 불교에서도 종파별 종정이 그 종파를 대표하고 있다. 그렇잖아도 기회가 되면 부의 자리에도 가볼 생각이었는데 그런 마음을 눈치라도 챘는지 우연하게 '부'를 만나게 되었다.

올해 1월에 생각치도 않았는데 우연히 대구문인협회의 부회장이라는 직책이 부여되었다. 문인으로 본다면 아직 갈 길이 구만리로 멀다. 늦깎이 시인 등단으로 발길을 들여놓은 문학 세계는 부족한 문학 공부가 첩첩이 쌓여 있는데 지인의 추천으로 운 좋게 귀한 '부'와의 인연을 맺게 되었다. 그리고 이어서 대한노인회 대구북구지회의 부지회장도 날아들었다. 생전 처음인 '부'를 만나니 반갑다. '부'야, 그동안 어디 있다 이제 왔느냐. 나와의 인연이 그렇게도 어려웠나, 앞으로는 우리 잘해 보자꾸나.

일반적으로 '부'는 장을 보필하면서 장의 부재 시나 공석일 때 장의 직을 대행한다. 처음인 부회장이라서 그 역할이 그 정도에서 그치는지 아니면 그 이상의 역할이 있는지 조금은 얼떨떨하기도 하다. 다행스럽게도 선배 부회장님들이 여럿 계셔서 선배 부회장님들이 하시는 대로 따라 하면 될 것 같다.

흔히 일반 사회에서 주冑와 종宗의 구분이 명확하지 않아서 잘못 알고 있는 경우를 자주 접하게 된다. 장남이 태어나면 우리 집 종손이라고 당연시하며 말한다. 종손은 그 문중을 대표하는 한 사람뿐이다. 물론 차종손도 종손 계열에 속한다. 지손支孫 계열의 맏이는 주손冑孫이지 결코 종손이 될 수가 없다.

우리 집의 종손이라고 말했다면 모르고 말했거나 알고도 그렇게 말했다면 거의 망발에 속한다. 여기서 종宗과 부副 차次 그리고

주冑를 한번 살펴보고자 한다. 종은 마루 즉 맨 꼭대기를 의미한다. 그리고 부와 차는 버금으로 꼭대기의 다음이라는 뜻이다. 주는 지손 계열에서 태어나는 맏이를 일컫는 말이다.

내 팔이 나가야

다니던 직장의 인사 발령으로 외지로 가야 한다고 말씀드렸더니 “오랫동안 역촌이라서 사람들의 인심이 술술치는 않을 것이다. 안 가는 것이 좋을 것 같다”는 아버님의 말씀이다. 지금 살고 있는 고향인 포항을 떠나 객지인 칠곡군 왜관으로 가야 되는 자식을 걱정해서 하신 충고와 섭섭함도 곁들여 하신 말씀이다.

항상 끼고돌던 자식이 멀리 객지로 떠난다니 마음이 편하실 리가 없어서일 것이다. 나의 마음도 선뜻 내키지 않기는 마찬가지였다. 어린 가솔들을 데리고 넉넉찮은 객지 생활이 걱정도 되고 아이들 교육 문제도 걸림돌이 되었다. 그러나 상부에서는 막무가내로 그곳이 사고 지역이기 때문에 사고 수습을 위해 한사코 가야 된다고 했다.

농촌 계몽 운동으로 시작한 새마을금고를 위해 1년간이라는 조건으로 가기로 했다. '내 인심 후하게 베풀면 그 인심은 반드시 되돌아오게 된다.'는 신념에서였다. 낯설고 물도 선 객지에서의 생활은 마음처럼 그렇게 녹록치만은 않았다. 아버님이 일러주시던 말씀이 뒤통수를 치듯 했다. 지역에 주한 미군 부대가 있어서 소비성이 강하고 텃세도 많아서 업무 처리는 물론이고 인적 교류와 생활의 어려움도 감내해야만 했다.

우리들의 인심 중에 제일 후한 인심이 술과 담배였다. 단돈 십 원도 선뜻 내주는 것은 힘들지만 술 한 잔에 담배 한 개비는 생판 부지의 사람에게도 인심을 쓴다. 낯선 곳에서의 인심을 쌓기에 안성맞춤이 막걸리 한잔이었다. 술자리가 끝난 다음 날은 모두가 오래된 친구처럼 스스럼없는 대화가 오고 가게 된다. 당시만 해도 야간 통행금지가 있던 때라서 귀가 시간에는 고양이 걸음으로 월장이 잦았다.

일 년이 되어가니 시골 장날은 전부 술 한잔의 친구들로 북적인다. 이를 바탕으로 칠곡군 8개 읍면을 불철주야로 뛰어다녔다. 가는 곳마다 베풂의 정을 듬뿍 심었다. 처음 조건부 일 년을 훌쩍 넘기고 7년을 버티고 있었다. 어느 가수의 '고향이 따로 있나 타향도 정들면 고향이지'라는 노랫말처럼 베풀어 놓은 정 때문에 쉽게 떠날 수가 없었다. 당시 내가 몸담고 있는 조직의 현기환 지부장님, 미군 부대의 외국인 노동조합의 하점석 지부장님, 칠곡군 새마을부녀회 이용순 회장님, 재건학교 장재길 교장 선생님 외에도 많은 분들이 듬뿍 정을 주셨다.

왜관에서는 석가 탄신일인 사월 초파일은 불자가 아니라도 모두 절에 가서 마치 명절처럼 하루를 즐긴다. 관내의 몇 분 유지들과 함께해서 한창 술자리가 무르익을 때쯤에 건장한 청년 4~5명이 나를 찾았다. 영문을 물어보니 "굴러온 돌이 박힌 돌 빼냈다." "네 뱃가죽은 철판을 깔았느냐."고 했다. 한바탕 소동이 벌어질 것 같은 분위기가 되자 동석했던 현기환, 하점석 지부장님들의 중재로 겨우 수습은 되었지만 객지에서의 텃세 값의 설움을 톡톡히 맛보게 해준 일면이기도 했다.

내 팔이 나가서 남의 인심 돌려받은 일 중에 기억에서 사라지지 않는 일이 있다. 당시 칠곡군 새마을부녀회장이셨던 이용순 회장님은 몇 갑절의 인정을 돌려주셨다. 내자의 좌골 신경통에 해묵은 무시래기를 구해다 주셨고, 직원 윤기중은 5년 된 뱀술을 약으로 갖다주기도 했다. 내 인심 베풀어 남의 인심 몇 갑절로 되돌려받게 하는 것은 역시 내 팔이 나가야 남의 인심을 가슴에 듬뿍 품을 수가 있었다.

고향 같은 훈훈한 인심을 두고 대구로 떠나려니 발길이 떨어지지 않았지만 큰아이의 고교 진학 관계로 어쩔 수가 없었다. 끝내 못 잊어서 부녀회원들은 대구까지 집알이를 다녀가기도 했다. 졸수를 넘긴 이용순 부녀회장님은 지금도 가끔씩 안부를 묻기도 하고, 거처하시는 요양원에도 한 번씩 찾아뵙기도 한다.

혼밥의 특별 메뉴

사람은 먹기 위해서 살고 살기 위해서 먹는다고 한다. 닭이 먼저냐, 계란이 먼저냐처럼 오랜 세월에도 정답은 없다. 자고 일어나면 하루에 삼시 세끼를 먹는다. 과학이 발달되지 않은 시대에도 아침, 점심, 저녁, 세끼를 먹으며 살아왔다. 몸을 지탱하고자 먹는 양과 소화 기능을 참작해서 시간을 두고 분산해서 식사를 하며 살았다. 식이위대食以爲大라는 말도 사람이 살아가는 데 식사가 그만큼 중요하다는 뜻일 것이다.

요즈음은 지인들을 만나면 자주 듣는 말이 있다. "얼굴이 좀 축났네."이다. 장군 멍군으로 "체중은 그대로인데." 하고 맞장구를 친다. 그래도 종전보다는 못하다고들 한다. 한 해 전에 식사 담당 전업자를 먼 길을 떠나보냈으니 그럴 수밖에 없었다. 아무리 삼시 세끼를 거르지 않고 골고루 잘 먹는다고 한들 해 주는 밥 얻어서 받아먹는 밥과 손수 해서 혼자서 먹는 밥과는 차이가 있을 수밖에 없다. 그래서 가끔씩 입맛 당기는 음식을 찾아 이곳저곳으로 가서 부족함을 보충하기도 한다.

자식들과 집안의 가족들 외에도 지인들까지 찬을 만들어서 보내 주어서 반찬은 부족함이 없다. 불려 놓은 검정콩이나 잡곡을 넣으면 전기밥솥이 입맛 돋게 멋지게 밥을 해 준다. 매일을 밥으로만 삼시 세끼를 먹어야 하는 것도 가끔씩은 지겨울 때도 있다. 60년이 넘도록 밥을 했던 집사람의 심정이 조금은 이해가 되기도 한다. 아침은 가급적 다양한 간편식으로 대체하기도 한다. 계란찜, 단호박찜, 떡, 빵, 두부, 브로콜리, 파프리카, 우유 등을 자주 활용하기도 한다.

오늘은 수필문학협회의 세미나에 참석하기로 되어 있었다. 아침을 빵과 들깨우유로 대신하고 점심은 밥을 물에 말아서 한술하고 세미나에 참석을 했다. 오후 7시가 지나서 세미나가 끝나고 집으로 오는 버스 안에서 뱃속에서 쪼르륵하고 울림이 왔다. 인근 마트에 들러서 막걸리 한 병과 한우 뭉티기 한 도시락을 구입했다. 아무래도 그 시간에 밥을 해서 먹기가 조금은 귀찮기도 하고 번거로운 생각이 들었다.

고추장에 다진 마늘과 참기름 등 갖은 양념을 넣어 집장을 만든 후에 막걸리 병을 마구 흔들어서 병마개를 땄다. 막걸리가 분수처럼 막 솟아올라 넘쳐났다. 잠시만 기다렸다 뚜껑을 열었으면 술이 넘치지는 않았을 텐데, 얼마나 급해서일까 싶은 생각이 머리를 스쳐갔다. 옛말에 밥은 바빠서 못 먹고, 죽은 죽어도 못 먹고, 떡은 목에 떡 걸려서 못 먹고, 술은 술술 잘 넘어간다고 했던가. 나 역시도 그 말처럼 술술 잘 넘어갔다. 뭉티기를 양념에 찍어서 막걸리를 몇 잔 마셨다. 뱃속이 텅 빈 상태에서 목구멍을 통과하는 시원하고 고소한 그 맛은 정말 먹어보지 않고는 느낄 수가 없는 별미였다.

그래서 배고플 때는 맛있고 없는 게 없이 반찬 투정할 겨를도 없다. "시장이 반찬"이라고 하였고, 밥을 먹으면서도 "밥이 장 봤소, 장이 밥 봤소"라는 말이 있을 정도로 급하게 먹게 된다. 조금 있으니 뱃속 저 아래에서 꿈틀거리는 용트림이 꺼~ 소리를 내면서 목구멍으로 밀려 올라왔다. 그제서야 저녁 한 끼 대용으로 충분하다는 생각으로 이제 됐구나 하고 안심이 되었다. 혼밥의 사람에게는 이것이 세상 어디에서도 먹을 수 없는 초특급 메뉴이구나 하면서 만족감으로 고개를 들고 하늘을 쳐다보았다. 요지경 같은 세상사도 식후경이었나. 포만감은 잠자리를 넘보게 한다.

아름다운 거절

아침에 잠에서 깨어 누운 채로 몸 풀기를 하는데 어제 같지가 않다. 허리가 조금 불편했다. 항상 만보 걷기를 위해 잠자리에서 목, 허리, 무릎, 발목, 어깨 부위의 훈련을 오래전부터 습관적으로 하고 있었다.

며칠 후에 허리에 통증이 조금 있더니 엉덩이로 내려오는 것 같았다. 아뿔싸, 하고 생각해 보니 근간에 파크 골프를 하면서 몸을 무리한 게 탈인 것 같았다. 혹여나 해서 각종 검사를 했으나 원장님께서 척추, 무릎, 발목 관절과 신경, 근육이나 족저 근막염 등이 아주 깨끗하다고 하시면서 "이 연세에 이런 분 잘 없습니다." 라고 하셨다. 선무당 생사람 잡듯 귀동냥해 짐작으로 척추 협착이나 척추 측만증이면 큰일이다 싶어서 지레 겁부터 먹었는데 아니라니 천만다행이었다. 그렇더라도 나이가 있으니 항상 조심을 해야 된다는 경고장도 잊지 않고 첨언을 하였다.

늦더위가 기승을 부리는 8월 중순인데 대구예총과 광주예총의 달빛동맹 교류 스케치 행사가 있었다. 대구와 광주의 예총 산하 각급 예술문화인들의 모임이었다. 참가자 면면을 살펴보니 대구에서는 내가 최고령자로 문인협회 일원으로 참가하게 되었다. 나로 인해 참가자들에게 불편을 끼치지 않으려고 포기하려고 망설이다가 결국은 참가했다. 노강 불신老康不信이라, 노인의 건강은 밤새 안녕도 믿을 수 없다고 하였지만 무난히 일정을 마쳤다. 참가한 동료 문우들로부터 건강 확인을 인정받는 기회가 되었다. 나이 들어 밥보, 잠보, 행보의 세 가지 보약을 꾸준하게 잘 챙긴 덕이 아니겠는지.

하루 일정을 마치고 방에서 대화 중에 함께한 룸메이트로가 '아름다운 거절'을 해야 된다고 했다. 매일 콩나물시루같이 빽빽한 일정을 모두 소화하느라 힘들 때는 상대방의 요구를 아름답게 거절하란다. 말처럼 쉬운 건 아니었다. 상대의 심성을 거스르지 않고 거절하려면 많은 생각과 수식어가 동원되어야 한다. 솜털처럼 보드라운 양심으로 서로를 함께 아우르는 일에 아니라고 하기는 나에게는 당나귀가 바늘귀를 통과하는 일만큼이나 어려운 일이다. 가슴에 담아놓고 시도해 보기로 했다.

부모 자식 간에도 유전자가 모두 유전되지는 않는가 보다. 나의 선고先考께서는 정도가 아닌 불의는 좌고우면할 틈도 없이 벼락같이 단칼에 거절하셨다. 오랜 세월 동안 금융업에 종사한 나로서도 금전 관계에서 어떤 유혹이나 부정도 단칼에 거절했다. 그럼에도 불구하고 일반적인 사안에 대해서는 칼날이 무디어서 단번에 거절하지 못할 때가 허다했다. 허리의 불편도 아름다운 거절을 하지 못한 과도한 운동 때문이었다.

병원에서 각종 검사를 받았다. 가벼운 몸 풀기의 그림판을 주면서 꾸준히 노력하라고 신신당부하신 원장님의 말씀을 들었다. 이번 일로 해서 건강을 해치는 무리한 요구는 미수를 눈앞에 두고 있는 나이를 앞세워 과감히 아름다운 거절을 하기로 마음을 다져 본다. 부나비가 죽음을 무릅쓰고 불 속으로 파고드는 것과 같은 어리석음은 다시는 하지 않아야 되리라.

별난 유혹들

지구상의 모든 동식물은 대를 이어가기 위해서 본능적으로 짝짓기를 한다. 사람이나 동물은 몸을 부딪치고 식물은 중간 매체를 통해서 암수의 교접으로 대물림하고 있다. 식물은 충매화, 풍매화 등이 있다.

대를 잇기 위해 갖가지 수단과 방법을 동원해서 상대를 유혹하게 된다. 동물은 힘겨루기로 혈투를 해서 승자가 암컷을 차지하고 식물은 특유의 향기나 달콤한 꿀을 이용해서 매개체를 불러들여 암수의 교접을 하게 된다. 사람도 예외는 아니다. 부를 앞세우거나 외모로 짝을 찾기에 두 눈에 불꽃이 번득인다.

동식물들처럼 대를 잇는 유혹이 아닌 별난 유혹들로 우리들을 헤매게 한다. 나름대로 생각해 보면 거의 대개의 사람들은 재산의 부가 곧 행복이라고 생각하고 금전에 대한 유혹을 가장 많이 받게 된다. 갖은 애교와 교태로 상대를 차지하려는 사랑의 유혹도 치열하게 불꽃 튀는 경쟁으로 이루어지고 인생을 즐기려는 취미 생활이나 기호식품도 많은 유혹을 받게 한다.

재직하던 직장의 지하는 다방으로 임대를 했다. 업주의 손님 유치 경쟁이 곧 수익과 연결된다. 업주와 젊고 앳된 종업원이 헌섬에 쥐 나들듯 사무실을 들락거린다. 가상스런 추파와 유혹의 눈총으로 접근한다. 사람을 돈으로 환치하는 그들은 인격 따위는 뒷전이다. 조선시대에 뭇 남자들을 희롱했던 명기 황진이와 서화담의 사랑처럼 눈요기로 충분했다. 그들의 유혹에 말려들지 않으니 이젠 엄연한 처자식이 있는데도 성 불구자로 취급하였다.

아침 일찍 평소에 잘 알고 지내던 지인이 좋은 정보를 전하러 왔단다. 궁금해서 하늘에서 금덩이라도 쏟아지느냐고 했다. 어느 지역에 공단 조성 붐인데 투자를 하면 일확천금을 할 수 있다면서 유혹의 끈을 쥐여 준다. 그것도 직장이 금융업이니까 그 자금을 일시 융통하라는 멘트까지 겸한다. 아주 절친인 한 지인은 주식 투자를 해서 아이들 학비 조달에 보태라고 권유했지만 거절했다.

소년 시절 서당 글에서 익힌 '황금여분'을 생활신조로 청렴과 결백으로 힘들게 살아가는 삶에 찬물을 끼얹는 듯했다. 그렇잖아도 재테크를 못한다고 가족들과 친지들에게 바보 소리를 듣고 있는 판국에 가당치도 않았다. 본인들이 하면 더 좋을 텐데…라며 그들의 호의에 감사하며 달갑지 않은 여운을 남겼다. 어느 언론사에서는 "금융계의 청백리"라며 보도하기도 했다.

산수를 지난 직장 생활은 친구들로부터 부러움과 복 많다는 말도 자주 들었다. 어느덧 퇴직이 가까워 오니 고향 친구들의 유혹이 빗발친다. 퇴직하면 귀향해서 자유롭게 맑은 공기 마시며 함께 살잔다. 고향 떠난 지 강산이 여섯 번이나 변했으니 누군들 고향 그립지 않은 이 있겠나! 젊은 시절 농사일에 너무 지쳐서 몸서리치도록 진저리가 났다. 사람 골탕 먹이기 딱 좋은 게 농사일이라는 고정관념이 떠나질 않고 있어서 향수를 머금고 손사래를 쳤다.

무더운 여름철에 들일로 갈증 해결은 물로는 감당이 되지 않았다. 보다 못한 아버지께서 빽빽한 농주 한 모금을 마시라며 주셨다. 신기하게도 갈증이 해소되었다. 그로 인해 술을 즐기게 되었고 군 생활 때는 소독용 알코올을 희석해서 자주 마셨다. 제대 후 고된 농사일로 몸이 날로 쇠약해졌다. 병원을 찾아도 특별한 병증이 없으니 식사 때 반주를 하라는 아버지의 근심 어린 처방이 또 내려졌다. 건강을 회복하게 해준 반주는 아버지의 처방이라 약용으로 이어가고 있다. 중국의 시인 이태백처럼 낭만과 풍류를 낚는 운치의 술맛을 즐기면서 여생을 유유자적하리라.

천둥소리

"듣기 좋은 꽃 노래도 한두 번"이라는 말이 있다. 그러나 사람의 심금을 파고드는 명곡이나 대중가요는 세월을 비켜 항상 우리들의 가슴속을 파고들어 마음에서 맴돌고 있다.

따뜻한 봄날 싱그럽고 향긋한 풀피리 소리, 가을을 알리는 귀뚜라미 소리는 언제 들어도 싫증을 넘어 즐거움으로 갈증을 불러온다. 우리의 청각은 듣기 좋은 소리보다 그렇지 않은 소리에 더 예민한 반응을 나타낸다. 칭찬보다 질책의 소리가 더 긴 여운을 남긴다. 나이 들어서는 대수롭지 않은 소리도 천둥소리만큼이나 언짢게 들리는 일이 자주 있게 마련이다. 흔히들 한쪽 귀로 듣고 다른 한쪽으로 흘려보내라고 하지만 말에 따라 그럴 수도 있겠지만 대개는 그렇게 안 되는 경우가 많다.

맑은 하늘에 갑자기 먹구름이 몰려들면 시뻘건 불칼이 번득이고 하늘이 무너지듯 굉음이 세상을 마구 흔들어 놓는다. 그 울렁거림으로 마치 하늘이 뚫어진 듯 비를 쏟아붓는다. 어른들은 천둥이 치는 날은 죄지은 사람을 잡아간다면서 아이들에게 지레 겁부터 준다. 대부분의 사람들은 지은 죄도 없으면서도 잡혀가지 않으려고 몸부터 숨긴다.

초등학교 시절에 여름 방학을 맞아 시골의 할머니 댁에 갔었다. 점심을 먹다 말고 하늘이 무너지는 소리에 모두 놀라서 마당으로 나갔다. 놀란 할머니는 우리의 손을 이끌고 논두렁 옆의 둑다리 밑으로 몸을 숨겼다. 조금 후에 조용해서 나와 보니 조금 멀리 있는 마을에서 불기둥이 솟아올랐다. 6·25전쟁 발발로 인한 비행기의 폭격이었다. 그 후로는 비행기 소리만 들리면 할머니와 함께 콩밭 이랑이나 봇도랑 둑 다리 밑으로 마구 내달렸다. 밤이면 머리 위로 바다에서 쏘아 올린 함포 소리만 나도 꿩 새끼들처럼 할머니 치마 속으로 머리를 처박고 숨었다.

"거북이에 놀란 가슴 솥뚜껑 보고도 놀란다."고 했다. 이른 새벽이나 늦은 밤에 전화벨 소리만 들려도 가슴이 덜컥 내려앉는다. 시골에 계신 부모님의 위급한 전화인가 싶어서였다. 10여 년 전 새벽 운동 갔다가 하늘이 무너지는 천둥보다 더한 충격을 받은 일이 있었다. 경찰에서 걸려온 전화로 자식의 교통사고 소식에 머리끝이 쭈뼛 서면서 생각들은 혼비백산 날아가고 골통이 마비 상태가 되었다.

한 해 전에 60년을 해로했던 내자의 임종을 지켜보면서 주치의의 "운명하셨습니다."라는 나지막한 목소리가 마치 천둥 치듯 가슴을 내리쳤다. 이미 예고된 죽음이지만 주치의의 그 말 한마디에 가슴이 천 갈래 만 갈래로 찢어지면서 천둥소리처럼 참기 힘들 만큼 마음이 요동을 치기도 했다.

일상에서도 예민한 청각 탓인지 가끔씩 놀란 가슴을 쓸어내려야 할 때가 종종 있다. 무심코 길을 가다가 구급차의 경보 사이렌 소리에도 가던 발걸음을 멈추고 서서 가슴을 추스른다. 또 어느 누구의 삶과 죽음이 긴박한 순간에 이승과 저승의 갈림길에서 해매고 있다는 생각에 괜스레 조바심이 생긴다. 남의 일이 아닌 나의 일처럼 간이 콩알만 해진다. 천둥소리의 파장은 이처럼 불면증 환자의 잠꼬대처럼 작은 소리에도 가슴을 내려치게 한다.

탈주脫走

일정한 간격으로 젓가락처럼 펼쳐 놓은 선로를 따라 달리는 열차도 가끔씩은 철로를 벗어나 탈선을 할 때가 있다. 열차는 탈선을 하면 멈추어 선다. 우리의 일상도 법과 사회적 규범의 선을 만들어 놓고 그 범주 내에서만 일상을 영유하도록 하고 있다. 그러나 세상살이가 생각처럼 만만치 않기 때문에 크고 작은 탈선의 사고들이 수없이 일어나서 삶의 명, 암을 만들고 있다. 아무리 선하고 훌륭한 사람도 고의나 본의 아니게 실수를 범해서 범주를 벗어나는 경우는 있을 수 있다.

태초의 성선설이나 선악설을 굳이 따지지 않더라도 대개의 사람들은 인간 사회의 범주를 벗어나지 않고 착하게 살아가려고 노력하고 있다. 내가 걸어온 길도 앞서지도 말고 뒤처지지도 말고 중용의 선에서 평범하게 현재까지 살아왔다. 그런데 무슨 회오리

바람이 불어닥쳤는지 생각지도 않던 길에 접어들어 질주를 하고 있다. 탈선한 기차는 멈추기라도 하는데 그러지 못하고 탈선을 하고도 계속 달려가고 있다. 나의 인생길에서 어느 한 부분의 나사가 풀렸거나 브레이크가 작동을 멈춘 게 분명하다. 그 나이에 망령들었다고 할까 봐 걱정도 되지만 건강 검진에서 심뇌혈관 나이가 70대 중반이란다.

대구문인협회와 행복북구문화재단, 대한노인회 대구북구지회 그리고 성균관 유도회와 경로당에 참여하면서 부족했던 부분들을 다듬어 마지막을 맞으려고 열심히 노력하고 있다. 굵직한 직함들이 푸짐한 과일 상자처럼 들어왔다. 물론 후박한 배려의 덕분이기에 감사의 뜻을 전하고자 한다. 직함에 따른 책임감은 인적이 드문 한적한 오솔길에서 방향도 모르는 낯선 길을 가듯 사방을 두리번거리며 경계선을 넘나든다.

오랜 세월 동안 제2금융권에 몸담고 있으면서 마을에 있는 경로당을 지원하고 경로 효친 운동으로 많은 베풂을 실천했지만 이번처럼 직접 경로당에 몸담아 보기는 난생처음이다. 그로 인해서 팔자에 없었지 싶은 파크 골프를 배우게 되었다. 지회별 대항전도 있으니 필수라고 했다. 40~50대에 운동 부족에 의한 신경성 우울성 두통 치료를 위해 주변의 권유로 골프 연습장 인도어에서 정신없이 휘둘렀던 기억이 서산을 넘는 햇살처럼 가물거린다. 땀을 비 오듯 쏟고 나니 백약이 무효이던 두통이 빗물에 씻기듯 말끔해지기도 했다.

경로당과 노인회 지회를 참여하면서 지금까지의 삶의 회전축이 낮도깨비에 홀린 듯 급하게 도망치듯 탈선을 하고도 계속 달려 탈주를 하고 있다는 사실이다. 그렇다고 궤도 수정도 할 수 없으니 정말 난감한 일이 되었다. 지금의 내 모습을 거울에 비춰 본다면 어느 장단에 맞춰 날뛰고 있는지 분간이 어렵다.

그나마 나처럼 탈주하는 놈이 있어서 동행으로 가는 데까지 가볼 생각이다. 푸른 잔디 위에서 얻어맞은 공은 탈선을 하고도 멈추지 않고 달려가서 풀숲에 숨는다. 그도 나처럼 필수라는 말을 들었는가 보다. 언젠가는 그도 나도 탈주를 하지 않고 모두가 함께하는 날이 저쯤에서 다가오겠지.

영글지 못한 생각

어느 가수는 "인생은 미완성"이라고 목에 힘주어 노래를 했다. 아마도 못다 이룬 사랑이나 인생 설계를 잘못해서 목표를 다하지 못한 애석함을 노래로 하소연하지 않았을까?

지금은 인생을 백세 시대라고 한다. 백수 이상의 인구 수는 2021년 기준으로 7,961명이라고 한다. 공자님은 천 년의 계획을 세우라고 했고, 남녀의 결혼을 백년가약이라고 한 걸 보면 이미 백세 인생을 예견하고 있었나 보다. 백수를 이루지 못한 삶은 어쩌면 미완성의 삶이라고 할 수 있을 것이다.

한 해의 농사도 농부의 땀과 열정 그리고 기후의 조화로 결실을 하게 된다. 암수의 수정이 원만하지 못하거나 기후의 부조화로 영글지 못하고 쭉정이가 되어 미완성으로 남게 된다. 벼의 경우 개화 때인 처서에 비가 오면 10리에 천석을 감한다고 했다. 땀

흘려 풍년을 바라보는 농부들의 마음을 아프게 한다.

1960년대는 새로운 군사 정부가 들어서면서 해묵은 가난을 벗고 잘살아 보자는 녹색 깃발 아래 전국에서 새마을 운동이 요원의 불꽃처럼 일어났다. 그즈음 재건국민운동본부에서는 형이상학적인 농민들의 정신 개조를 위한 계몽 운동을 활발하게 전개하고 있을 때 근무지인 포항에서 칠곡군 왜관으로 옮겨 왔다. 절미저축으로 밝은 미래를 살아가자며 농촌 지역 곳곳으로 자전거에 몸을 싣고 불철주야로 뛰어다녔다.

칠곡군 관내 8개 읍면을 순회 교육을 하기로 하고 우선 칠곡, 동명, 가산면에 순회 교육을 시행했다. 왜관에서 그쪽으로 갈 때는 대구행 버스에 자전거를 싣고 갔다. 교육을 마치고 왜관으로 돌아가려고 태전 삼거리에서 버스를 기다리는데 자전거는 승차를 거절했다. 손님이 만원으로 자리가 없을 때는 그렇더라도 빈자리가 많이 있는데도 거절당했다. 몇 대의 버스가 지나가도 그러했다. 오후가 되면서 더는 버스를 기다릴 수 없어서 자전거에 지친 몸을 싣고 왜관으로 출발했다. 지천면 연호동의 꼬불꼬불하고 높은 신동재를 올랐다. 지치고 고달픈 마음을 달래 주기라도 하듯 하얀 아카시아꽃과 향긋한 향기가 나를 반겨 주었다.

7월의 햇살은 빛살로 퍼부어 땀에 전 옷은 찰거머리처럼 온몸에 찰싹 달라붙었고, 이마의 땀은 비 오듯 땅에 내리박혔다. 해 질녘에 집에 도착했을 때는 거의 반죽음인 몸은 산 낙지처럼 흐느적거렸다. 피로를 풀 생각으로 목욕탕으로 갔지만 따끈한 물에 몸을 담그는 순간 해삼처럼 늘어져 누웠다. 아무리 일어나려고 해도 피곤한 몸은 일어날 기미조차 없었다. 자전거 동반이 화근이었다.

세심하지 않고 영글지 못한 미완성의 대가는 기진맥진의 반죽음의 경지로 보상을 받은 셈이다. 한번 실수는 병가지상사라고 했던가! 앞으로는 잘 익은 과일처럼 반짝이는 치밀한 계획으로 두 번 다시는 실수하지 않으리라 다짐했다. 이래서 인생은 미완성이라고 그렇게 목에 힘을 주어 노래했는가 싶기도 하다.

무식한 행진곡

천지가 개벽하듯 깜짝 놀라서 기절초풍했다. 마음을 가다듬고 생각에 생각을 거듭해도 꿈만 같은 일이 자갈길 빈 수레 굴러가듯 가슴을 덜컹거리며 요동을 친다. 하늘에서 복덩어리가 떨어졌다. 오래 살고 볼 일이었다.

1968년에 새마을운동중앙본부에서 새마을 지도자 해외 연수자를 선발하는 데 선정되었다. 이웃 나라인 일본을 대한항공 KE 603 편으로 85년 10월 12일부터 9일간 하게 되었다. 지금까지 살면서 외국이라고는 한 번도 가본 적이 없었기에 가슴 벅찬 기분은 머리에서 발끝까지 널뛰기로 들썩였다. 가끔씩 해외에 다녀온 분들의 자랑으로 온 동네가 시끌벅적하다. 부러운 마음에 나도 갔다 왔노라고 우긴다. 거기만 해외인가, 울릉도나 제주도도 바다 건너가기는 마찬가지 아닌가.

소풍날을 기다리는 초등학생 마음이 되어 굵은 빗줄기가 등짝을 내리치는데도 아랑곳하지 않고 일행들과 함께 트랩을 밟고 올랐다. 흥분된 기분은 정신마저 정돈이 되지 않았다. 이륙한 지 얼마 되지 않아서 창을 통해 밖을 내다보니 비행기 날개에서 햇살이 반짝이며 부서져 어디론가 날아가고 있었다. 그새 여기는 날씨가 참 맑구나 하고 중얼거리며 시선은 창밖을 주시하고 있었다. 옆자리 일행이 비행기의 고도를 높여서 비구름 위를 날고 있어서 그렇다고 했다. 멋쩍어서 말이 목구멍으로 나오다 말고 멈춘다. 무식은 용감하다고 했던가!

기내식을 먹으며 대한해협을 지나고 있는데 착륙 준비를 한다는 기내 방송이 흘러나왔다. 불과 한 시간도 채 안 되었는데 착륙이라니 탑승 기분도 느끼지 못한 아쉬움이 순식간에 몰려왔다. 그나마 우리 교민들이 가장 많이 거주한다는 오사카 공항이라고 하기에 우리 교민들을 볼 수 있는 마음은 몸을 앞서가고 있었다. 도랑만 건너도 타관 객지라고 했는데 우리 교민들은 바다를 건넜으니 낯선 남의 나라에서 얼마나 많은 고통과 시련을 참고 살았을까. 가슴이 저려 왔다. 내 형제 동포들이여 조국이 날로 발전하고 있으니 조금만 더 참고 견뎌 내시라.

도쿄의 선샤인 시티 프린스 호텔에서 밖을 내다보니 하늘 높은 줄 모르는 빌딩들이 도심에서 숲을 이루고 있었다. 모든 빌딩들이 벽면 한구석에 'bilu'라고 하나같이 쓰여 있었다. 정말 일본은 맥주공장이 엄청 많구나 하는데 긴끼대학 교수인 가이드가 엿듣고 살짝 귀띔을 해준다. 맥주공장이 아니고 빌딩을 그렇게 부른다고 했다. 설익은 지식이 무식한 행진의 대열에 줄을 잇는다. 일본 제일의 기린맥주를 방문했을 때 비루를 한잔 마시며 혼자 피식 웃었다.

사면이 바다로 둘러싸여서인지 온통 바다이다. 하늘에도, 후지산 꼭대기도 운해雲海이고 울창한 숲도 임해林海라고 했다. 선진화를 달리는 경제 대국인지라 모든 게 전산화되어 있다고 한다. 금융도 전산화로 2~3명의 직원만 있었다. 호텔방 냉장고에 각국의 술이 진열되어 있어서 모두 꺼내 구경을 했는데 가격을 보는 순간 눈을 의심하면서 감도는 침만 목구멍으로 밀어 넣게 하는 그림의 떡이었다. 젊은 시절 일본에서 살았다는 나이 드신 일행이 깜짝 놀란다. 냉장고의 물품들은 무게 단위로 프런트와 전산으로 연결이 되어 있어서 술값을 모두 지불해야 된다고 했다. 낭패가 아닐 수 없었다.

얼굴색이 창백해지고 걱정이 이만저만이 아니었다. 맛도 못 본 채 술값을 물어내야 된다니 가슴이 막혀서 잠인들 오겠는가. 아침에 나온 계산서를 받아 쥐면서 또 한 번 놀랐다. 구경한 술값은 계산서에 없었다. 착오인가 해서 확인해도 아니란다. 잘못 알고 전해준 섣부른 한마디로 송금 요청 명분 때문에 걱정이 태산이었는데 다행이었다. 그제야 숨통을 열고 가슴을 쓸어내렸다. 잘난 체면을 구겨 넣으며 또 무식한 행진곡에 꼬리표를 달았다. 아이들이 넘어지며 성장하듯 성인도 실수를 거듭하면서 완벽하게 영글어지는구나 하며 자위해 본다.

금융기관인 도쿄 상은(상업은행)을 비롯한 산업체, 유적지 등 하루에 네 곳 총 31개소를 강행군으로 바쁜 일정을 모두 소화했다. 그들의 정직과 친절, 도덕과 인사성은 우리들을 놀라게 했으며 혼네마이(진심)와 다데마이(존중)의 국민성은 본받을 만했다. 어릴 때부터 철저한 교육으로 몸에서 자연스럽게 흘러나왔다. 기업의 대물림도 전통을 앞세운 발전의 축이 되었다. 그들의 정신을 다 알기는 미흡했지만 많은 차이점을 마음에 담을 수 있었다.

섬나라인 일본을 앞서려면 반일 감정만 주장할 게 아니고 그들을 알아야 극일이 가능한 일이었다. 귀국하려고 나리타 공항에 도착하니 북한 비행기가 공항에 날개를 펴고 있었다. 우리 공항에도 그러했으면 하는 아쉬움도 있었다. 아무런 사고 없이 무사히 모든 일정을 마치고 귀국길에 올랐다.

쏠쏠한 즐거움

매일 아침이면 '즐거운 하루'가 울려온다. 미처 잠에서 깨어나기도 전에 지인이 보낸 휴대폰의 카카오 톡으로 오늘도 즐거운 하루가 시작된다.

세상 돌아가는데 대한 귀동냥이 모자라서 신문을 펼쳐 들지만 별로 내키지 않아 거의 습관적으로 큰 활자만 대충 훑어보노라면 머리가 지끈거리고 산만하게 자리 잡은 상업 광고도 한몫을 한다. 그러고 보니 TV에서 뉴스를 안 본 지도 오래된 것 같다.

지난날 시골의 농한기는 한가한 틈을 타서 사행성 투계나 투견으로 주머니를 채우는 일도 있었다. 잔인한 동물 학대가 몹시 안쓰럽기도 하고 불쌍한 생각이 들었다. 마치 거짓과 위선이 진실을 흙투성이로 뒤집어씌워 세상을 혼란스럽게 하는 기사를 대하는 듯 심기가 편치 않다. 그러나 동물의 세계는 오로지 살아남기 위한 결투로 거짓과 위선이 없는 진실과 순수성은 유지되고 있다.

마음이 별로 편치 않은 건 세월 탓으로 치부한다. 젊은 시절에는 달콤한 술맛으로 시간을 붙들어 놓고 입과 마음이 즐겁다. 직장에서 집에 오면 손자, 손녀들의 재롱으로 입이 소쿠리가 되어 웃는다. 잠시나마 즐거운 시간을 보내게 된다. 세월 탓에 자식들을 독립해서 내보내고 술친구 또한 멀어지니 쏠쏠한 즐거움도 멀어지고 홀로 뒷방 늙은이가 되어 삶에 즐거움을 잃은 지도 꽤 된 것 같다.

주말에만 볼 수 있는 모 언론사의 '아무튼, 주말'이란 주말 섹션을 기다리게 된다. '풍경이 있는 세상'의 김황식 전 총리의 지혜와 삶의 깊이가 있는 점잖은 멘트, 술꾼들의 입맛을 부추기는 한은영의 '밤은 부드러워, 마신다'도 술꾼의 입장에서 눈길이 가지만 술맛은 나에게는 막걸리나 소주와는 거리감을 두게 한다.

다음 면을 살펴보면 오종찬 기자의 'Oh! 컷'의 콩트 같은 현실 만평과 봉달호의 '오늘도 편의점'은 서민 생활의 단면에 눈길이 머물게 한다. 김두우 교수의 '풍수'에 관한 재미있는 풀이도 죽음을 앞둔 노인의 처지에 마음을 붙잡고 뒹굴어진다. 또한 '살림하는 중년 남자'도 한현우 기자의 살림하는 노인의 관심을 끌기에 충분하다.

팔도 별미를 달달하게 요리해 한상 차려주는 정도현 칼럼니스트의 'Pick'도 유혹의 손짓을 보낸다. 가장 마음을 사로잡는 대목은 역시 김윤덕 부장의 '아무튼 줌마'이다. 정을 느끼게 하는 시골스러운 진솔한 대화는 쏠쏠한 즐거움에 화약을 들이댄다. 혼자서 웃으며 읽는 재미는 불쏘시개로 즐거움을 활활 태운다. 몸과 마음에 눅눅한 이끼로 감싼 생각들이 훨훨 허공으로 날아간다.

책 속에 길이 있다고 한다. 진실과 지혜를 향기롭게 피워내는 보물들이 마음의 길을 활짝 열어준다. 늘그막에 문인의 길로 접어들었지만 향기를 뿜어내기는 많이 부족했다. 그전에 글 쓰는 쏠쏠한 즐거움에 몇 권의 책을 출간했지만 진실만을 좇아다닌 멋대로의 글은 문학의 변죽만 울렸다. 은유와 이미지, 형상화를 놓쳐 독자들에게 감명을 주지 못했다.

그러나 어쩌겠는가. 잔잔한 파도가 소리 없이 밀려오듯 나만의 쏠쏠한 즐거움이 글 속에 있으니 쉽사리 손을 놓지 못하고 조용히 이어가고 있다. 마음은 벌써 다음 주말에 머문다.

4
최선과 차선

버스 떠난 후에 손 드는 아둔함의 푸념이리라.
주어진 현실에 순응하는 평범한 일상은
언제나 잔잔한 행복에 젖는다.

시대의 혼돈 속에서

우리나라 고유 명절인 추석을 지냈다. 삶의 현장인 객지에서 밤낮을 모르고 뛰어다녔던 자식들이 고향을 찾아 가족 모두가 함께하는 즐거운 명절이다.

유년 시절을 반추해 본다. 명절 전날에는 객지에 나간 자식들을 기다리는 부모 마음은 한시가 급하다. 그래서 삽짝 문이 닳도록 수도 없이 들락거린다. 자식 사랑이 끝없는 부모 마음이리라.

설 명절은 한 해가 바뀌는 것을 조상님들께 알리고, 추석 명절은 햇곡과 햇과일을 조상님께 진상하는 고유제이다. 그래서 기제사는 삼헌에 독축으로 행사하고 명절에는 단작에 무축으로 행사하게 된다. 조상님들을 위패나 지방 또는 영정을 준비해서 강신으로 모시게 된다. 사람의 존엄은 생전보다 사후를 더 엄숙하게 모신다.

명절 때나 기제사일 때 지방을 쓰면서 혼돈에 빠져든다. 지방 쓰는 서식書式에서 차별감을 느끼곤 한다. 모든 지방은 첫 글자가 나타날 현顯으로 시작하고 있다. 그런데 남편이 생존한 부인의 지방은 고실故室이나 망실亡室로 시작하게 된다. 사후의 존엄에도 남녀간의 차별이 존재하고 있음에 혼돈이 생긴다.

오랜 유교의 사상에서 비롯된 남존여비 사상이 전래되어서 그렇겠지만 현실과는 엄청난 괴리가 있음을 느낄 수가 있다. 꾸준한 여권 신장으로 남녀평등의 시대에 살고 있다. 혹자들은 여성 상위 시대라고도 한다. 시속 말에 아들 가진 부모는 비행기를 못 타지만 딸 가진 부모는 비행기 타고 외국을 간다고 한다. 사회의 통념상으로 불평등이 있다면 시대 흐름에 맞게 개선이 뒷받침되어야 하지 않을까 하는 생각도 든다.

남편이 선망하고 부인이 생존한 경우에 그 부인은 남편의 지방을 현벽顯辟으로 시작하지만 남편이 생존하고 부인이 먼저 돌아가면 그 남편은 부인의 지방에서 현顯을 쓸 수가 없고 전술한 바와 같이 고실 또는 망실이라고 하도록 되어 있다. 조상들의 사후와 부인의 사후가 다르지 않음을 전제한다면 평등하지 못함을 느낀다. 그뿐만 아니라 국가유공자들의 현충원이나 호국공원의 안장도 부인이 먼저 돌아가면 다른 곳에 안장을 하고 기다렸다가 남편의 사망 시에 그때서야 부부를 함께 안장하고 있다. 남녀의 평등이 아닌 차별의 단면을 보게 된다.

어느 집안이나 한 가정의 살림을 꾸려가는 것은 안사람들의 고

충을 전제로 감당하고 있다. 전통 예절에서 엄청난 하자가 없다면 사후에라도 고생에 대한 위로의 차원에서 고실이나 망실보다는 현실顯室로 바꾸어서 조상님들과 함께 모셔졌으면 하는 바람이다.

남녀 평등의 시대를 살고 있는 현실에서 하늘을 머리에 이고 땅을 밟고 살아가는 사람으로서 최소한의 도리가 아닐까 싶기도 하다. 이번 추석 명절에도 생전에 다하지 못한 아내에게 죄책감을 느끼면서 평소대로 지방을 쓸 수밖에 없었다. 사후의 예우를 배려하기 바라면서…….

최선과 차선

길 잘 들여진 나이 든 소는 말만 떨어지면 머뭇거리지 않고 제 길을 잘 찾아간다. 코로나19로 집콕을 하느라 외출다운 외출은 기억의 저편에서 머뭇거린다. 방역수칙에 충실하기 위해서다.

매일 아침마다 금호강변을 걷는다. 시선을 돌리니 아름답고 멋진 풍경화가 시야에 걸려든다. 자연이 펼쳐 놓은 오색 향연은 일상을 비낀 무디어진 감각에 날을 세운다. 여느 때 같으면 단풍색으로 갈아입은 사람과 차량들이 시골 오일장처럼 북적댈 시기이다. 갑갑하고 답답한 마음들은 관광버스 주변을 탑돌이를 하면서 기도할 것이다.

한 해의 끝자락을 업은 11월이 화살촉처럼 눈치 없이 가슴팍에 꽂힌다. 나이 드신 어른들은 지는 해를 붙잡고 짚동 같은 한숨을 내쉰다. 달력을 쳐다보니 대학 수학 능력 시험이 눈앞에서 알짱

거린다. 한창 혈기 왕성한 청소년들을 수능이라는 무쇠 올가미에 가두어 놓고 기절을 시킨다. 부모와 가족들까지도 옭아매어 등에 콩을 볶는다. 항상 느끼는 안쓰러운 마음은 '더 좋은 대안은 없을까?'에서 머문다.

이끼 낀 돌 틈을 비집고 나온 실뱀 같은 물줄기처럼 60년도 훨씬 지난 빛바랜 푸념이 기억의 틈바구니 사이로 기어 나온다. 장학 혜택으로 고교를 마치고 대학 진학은 가난을 앞세워 전액 국비인 사관학교 지망이 최선의 선택이었다. 입시철만 되면 회자되는 명문보다 힘든 바늘구멍을 통과해야 전면 국비인 사관학교에 갈 수 있었다. 최선의 선택을 위해 여우잠을 잘 때 외에는 항상 책과 씨름을 해야 했다. 그 당시는 차선의 선택은 마음속을 비집고 들어올 틈이 없었다.

"불행은 예고 없이 온다"고 했던가. 두 눈에 쌍심지를 켜고 입시 요강을 살펴보았다. 작년에 없던 항목이 추가되어 눈을 의심하게 했다. "장남은 응시 불가"라는 활자로 허탈과 무기력을 넘어 탈진으로 내몰았다. 장남으로 태어난 게 무슨 죄인처럼 느껴졌다. 울며 겨자 먹듯 향학의 불길을 장학 제도가 있는 수도권으로 옮겨 점화했다. 네 잎 클로버를 찾아 헤매고 있는데 설상가상에 엎친 데 덮친 격으로 생각지도 못했던 엄청난 변고가 발생했다. 수도권의 열기도 싸늘하게 식어 멀리 가버렸다.

시골 장에 농우 구입을 위해 가셨던 부친이 복잡한 버스에서 소매치기를 당하셨다. 홧김에 집을 나가셨고 부친의 가출 소식에 노령의 조모는 덜컥 병석에 들어 식음을 전폐하셨다. 졸지에 가정이 초상집이 되었다. 혹여 잘못되면 두 어른들의 줄초상으로 가정이 풍비박산하지 않을까 걱정이 태산이었다. 가정을 지켜야 한다는 책임감이 뜨겁던 진학의 열기를 사그라지게 했다.

한 가정의 7대 주손인 장남으로서 가정부터 살려야 한다는 생각이 머릿속에서 요동을 쳤다. 그즈음에 지방의 모 초급대학에서 전면 장학생 입학 요청이 왔지만 손사래로 포기했다. 수도권 진학을 위한 큰 포부를 안고 꿈꾸었던 대학 진학은 포기하지 않을 수 없었다. 3년 동안 가정교사, 자취방을 전전하면서 불철주야로 흘린 땀방울은 물거품이 되어 산산조각이 되어 허공으로 날아갔다.

옛말에 "꿩 대신 닭"이라고 했다. 차선의 기회가 주어졌지만 당시의 형편으로는 강 건너 불구경도 넘볼 수 없는 긴박한 상황이었다. 차선의 선택마저도 포기한 삶은 많은 고통과 시련의 암울한 터널에 머물게 했다. 차선도 노력에 따라 언제나 최선이 될 수 있다는 깨달음이 황소 뒷걸음으로 다가왔다. 버스 떠난 후에 손드는 아둔함의 푸념이리라. 주어진 현실에 순응하는 평범한 일상은 언제나 잔잔한 행복에 젖는다.

퍼 주다

그 시절엔 나만 아니고 다들 그랬었지. 그때를 생각하면 몸서리가 쳐진다. 일 년 동안 땀을 콩죽같이 쏟아가면서 뼈 빠지게 열심히 지은 농사를 지게에 등짐으로 지고 모두 집으로 날랐으니까 몸서리쳐질 만도 하였을 것이다.

늦은 저녁 무렵에 탈곡이 끝나면 긴 대나무 빗자루로 머리 빗질하듯 곱게 쓰다듬은 후 가마니나 짚으로 엮어서 만든 섬 또는 뒤주로 옮겨서 월동을 시킨다. 빗자루 끝에 실려 나온 쭉정이나 잎사귀와 티끌은 훗날 바람이 잘 부는 날을 잡아서 바가지에 퍼 담아 날려서 알곡만 분리했다. 한 톨의 곡식이라도 더 건지려고 어깨가 무너지도록 온종일 해 봐야 겨우 알곡 몇 됫박을 얻는 게 전부였다.

나의 퍼주다는 할머니의 적선에 대한 염불에서 비롯되었다. 어릴 때부터 할머니와 한방에서 생활을 했기 때문에 할머니의 적선은 가히 염불로 들어야 했다. "삼대가 적선을 해야 후손이 잘 풀린다."고 하셨다. 알곡 한 톨 얻으려고 하루 종일 퍼지었듯이 베풂도 계속 퍼지다 보면 적선이 쌓여 후손들이 더욱 잘 풀릴 것으로 생각되었다. 그래서 열심히 퍼 주기로 마음먹고 틈만 나면 열심히 퍼 주었다. 그때의 퍼 주기는 일생을 살면서도 계속 이어졌다.

가정을 꾸리면서 집사람한테도 베풀자고 앵무새처럼 노래를 부르며 신바람이 났다. 그러나 집사람은 시큰둥하며 별 반응을 보이지 않았다. "그렇게 모두 퍼 주고 나면 남는 게 없는데 뭘 먹고 살려고", "저렇게 헤퍼서 앞으로 어떻게 살아가려고… 쯧쯧" 혀를 찬다. 그래도 나의 퍼 주기는 할머니의 후손 번성을 저버릴 수가 없어서 계속 이어가고 있었다.

더 솔직히 말하자면 집사람한테는 입이 열 개라도 유구무언이다. 그동안에 10권의 책을 각 400~500부씩을 비매품으로 출판해서 이웃 주민과 지인들에게 모두 배부해 왔다. 그러고도 무슨 염치로 할 말이 있겠는가. 여유 있는 살림도 아니고 노후대책도 없으면서 '이제 그만 하라'는 만류도 지쳤는지 이젠 지난날의 술값으로 쓴 얘기까지 보탠다. 몸집이 불어난 불평불만은 온 집안을 헤집고 날아다닌다. 속수무책이 되면 이럴 때 처방은 무언이 특효약이다.

아파트가 아닌 공동 주택은 주민들의 휴게 공간이 없다. 낮 시간에 이웃들과 만나서 의사소통을 할 수 있도록 주차 공간과 기둥 사이에 작은 철제 평상을 만들어 드렸다. 그 후로는 이웃 간에 종종 만나서 소통을 하고 있다. 무더운 여름날에도 음료수 한 모금도 없이 서로 눈치만 살피고 있었다. 퇴근길에 빙과류와 음료수를 조금 마련해 주었다. "무슨 팔부자"라며 저녁 밥상 메뉴에 올린다. 아무 말 없이 잘 지나갔던 평상 설치비까지 어우러지니 천장에서 메아리를 친다. 더위를 조금이나마 식혀 주려다 난감한 상황이 되어 버렸다.

그렇게 절약하고 검소하게 살아온 집사람의 행적이 이제야 눈에 얼른거린다. 둘 다 같이 퍼 주기를 했다면 현재와 같은 일상이 있겠느냐 싶다. 멀리 떠난 후에도 순망치한脣亡齒寒의 일상이 아니라 종전과 같은 살림살이로 이어지고 있다. 알뜰하게 아끼면서 준비해 놓은 살림살이가 부족함이 없이 그대로 이어지고 있어서 고개가 저절로 숙여진다.

지난날 아옹다옹했던 일들은 함께 잘살아보자는 바람의 결과였기에 고맙고 감사한 뜨거운 마음으로 가끔씩 찾는 당신의 묘 앞에서 쓰라린 회한의 한숨만 뿜어낼 뿐이다.

그나마 후손들이 국가유공자, 명문대 출신의 대학교수, 박사, 의사, 약사, 간호사, 문단의 작가, 기업가 등으로 국내와 외국에서 성실히 활동하고 있음도 할머니의 삼대 적선에 의한 퍼주기의 은덕이리라.

굿판 이야기

아침 산책길에 안지랑골을 지나가면 돌틈 사이에서 밤새껏 졸고 가물거리는 촛불을 종종 보게 된다. 초하루나 보름일 때 자주 본다. 굿을 미신이라고 치부하면서도 팔공산 자락 곳곳에도 굿당이 즐비하고 찾는 발길도 계속 이어진다.

6·25 동란 때에 인민군 치안대에 동참을 거부했다는 이유로 이웃마을 청장년들이 한 떼로 몰려와서 삼촌을 뭇매질을 했다. 그 후유증으로 수년간 병고를 앓다가 50도 채 안 된 젊은 나이로 일찍 세상을 떠나셨다.

밤중만 되면 숙모님이 치마를 뒤집어쓰고 속옷 바람으로 우리 집에 온다. 사랑채에 시숙인 아버지가 계셔도 막무가내였다. 사연은 삼촌이 좋은 곳으로 못 가고 허공에 떠돌면서 숙모님을 걸터타고 앉아서 목을 조른다고 했다. 정신적으로 허약해서 그러려니 했는데 자주 이런 일이 있었다. 그러면서 삼촌을 굿을 해서 좋은 곳으로 보내야 된다고 해서 어렵사리 아버님의 허락으로 굿판을 열게 되었다.

내림굿인데 신기하기도 했다. 대나무를 타고 삼촌의 혼령이 내려와서 생전에 했던 이야기를 무당의 입을 통해 생시같이 되풀이를 한다. 굿을 인정하는 건 아니지만 맹탕 공돈 먹는 건 아니구나 하는 생각이 들었다. 돈 많이 놓고 절을 많이 해야 좋은 데 가신다고 해서 밤새도록 돈 놓고 절하기에 바빴다. 이른 새벽에 끝이 났다. 그런데 며칠 후 숙모님은 이번엔 친척 할머니가 받아 가서 굿을 다시 해야 된다고 했다.

굿의 효험이 있긴 하는지 정치판이 굿 얘기로 지난 대선 때 오래도록 주거니 받거니 상대를 공격하면서 마치 나라에 큰 변고나 생길 것같이 떠들썩했다. 그렇게 하면서도 정작 그들은 거액을 들여서 굿판을 벌였다고 한다. 충청도의 어느 사찰에는 귀부인들이 자주 들락거린다고 한다. 정치인이나 재벌 사업가의 부인들이라고 한다. 남편들의 출세와 성공을 위해서란다.

다시 굿을 할 수 없어서 숙모를 교회에 보내기로 아버지와 상의를 했다. 처음에는 안 가겠다고 하더니 며칠이 지나니 아예 어린 자녀들과 가정은 돌볼 생각도 하지 않고 매일 교회로 나갔다. 그런 반면에 밤중에 큰집을 찾는 일은 없었다. 혹여 광신이면 어쩌나 걱정이 되기도 했다. 그러나 지금까지도 열심히 교회를 다니시고 올해 졸수를 지나면서도 교회는 계속 나가신다.

오래전에 직장에서 있었던 일을 반추해 본다. 매월 하던 회의 날짜를 바꾸자고 한 임원이 제의를 했다. 이유인즉슨 임원들 중에 두 사람이 고인이 되었으니 날짜를 바꾸지 않으면 회의 때마다 찾아온다는 것이었다. 좋은 게 좋다고 바꾸자고 하면서 언제가 좋으냐고 하니까 여기서 바꾸면 안 되고 복채를 놓고 철학관에 가서 길일을 받아야 한다고 했다. 어쩔 수 없이 철학관에 가서 복채를 놓고 다른 날을 받아 와서 회의 날짜를 바꾼 일이 있었다.

그 임원이 하는 말이 더 가관이었다. 본인은 해마다 한 번씩 철학관에 가서 안택을 받는다고 했다. 복채를 놓을 만큼 놓아야 혜택이 온다는 것이었다. 돈도 어느 정도 들어야 효험을 본다면서 돈 아끼면 허사라고 했다. 지난 일이지만 작은 굿판을 연상케 하는 일이라고 해도 될는지.

눈이 저울이야

나이가 들면 누구나 할 것 없이 잠들기가 젊었을 때처럼 쉽지 않지만 나이 탓이려니 하면서 그냥 넘긴다. 아침에 일어나면 잔 둥 만 둥 퀭한 동태눈으로 잠자리를 털고 일어나 하루를 소화한다.

“도대체 방에 눈이 몇 개고?” 잠 설친 집사람의 푸념이 찬바람을 일으키며 화살로 날아든다. 무슨 말인가 싶으면서도 혹여 정신적인 문제가 있나 해서 슬며시 걱정이 되기도 했다. 잠을 청해서 잠자리에 들면 빨갛고, 파랗고, 노란 눈알들이 자기를 쳐다보고 있단다. 살펴보니 각종 전자제품과 콘센트에서 그들의 존재를 알리려고 그믐밤 별빛 쏟아지듯 눈언저리를 맴돌아 든단다. 강 건너 불구경하듯 무관심하다는 핀잔이 찬물을 끼얹는다. 불면으로 날카로워진 신경 탓으로 치부하고 넘어간다.

잠 설친 할머니도 입버릇처럼 “살림에는 눈이 보배다”고 하시면서 눈의 귀중함을 일러주셨다. 어릴 때는 무엇 때문에 보배라고 하셨는지 알 수가 없었다. 간혹 할머니의 바늘귀를 꿰어 드린 적은 있었지만……. 그 당시만 해도 모든 게 부족한 때이기에 살림을 사는 가정주부는 항상 형편을 잘 살펴보면서 가정을 꾸려야 된다는 충고의 말씀이었다.

할머니 말씀처럼 눈이 보배인 것을 안과에 들러보면 여실히 증명이 된다. 병원마다 진료 받을 사람들이 시골 장날처럼 북새통을 이룬다. 사람의 인체에는 5대 감각기관(청각, 시각, 미각, 후각, 촉각)이 있지만 그중에서도 시각이 일상생활의 활동과 관련이 깊다. 대한안경사협회의 2021년 실태 조사만 보더라도 알 수 있을 것 같다. 전국의 성인 남녀 중에서 55.9%, 초·중·고생의 37.9%가 안경을 착용하고 있다고 한다. 우리 몸의 모든 장기나 기관들이 보배가 아닌 것이 어디 있겠느냐만 특히 시각이 매우 중요하다는 느낌이 든다.

그뿐만 아니고 "눈이 저울이다"라고 하신 선고先考의 말씀도 눈의 소중함을 일러주시는 대목이리라. 가을 추수 때에 마당 한가운데에 탈곡한 곡식이 낮은 산봉우리만큼 쌓이면 눈대중으로 수확량을 예언하신다. 후일 가마니에 담아 보면 거의 근사치에 이른다. 한평생을 농사를 천직으로 알고 살아오셨기에 달관의 눈대중이 저울 기능을 하셨다. 5척 단신의 체구에서 그런 계산이 어디에서 나오느냐면서 눈대중 분야의 달인으로 신청해도 충분하다는 농을 건다. 한바탕 큰 웃음이 풍년의 기쁨과 고생의 땀방울을 매달고 하늘을 난다.

이제는 “눈이 몇 개고?”, “눈이 보배다”, “눈이 저울이야”라며 삶에서 눈의 소중함을 일러주셨던 정겨운 그 목소리를 흘러간 유행가처럼 다시 들을 수 없어서 매우 안타깝고 아쉽다. 당신들의 생전에 감당하기 힘들었던 삶의 고뇌를 눈물겹게 반추해서 재조명해 본다.

사이다에 녹아내린 부정父情

해마다 7월이면 삼복을 잉태한 날씨가 찜통 같은 열기를 안고 소낙비처럼 마구 쏟아져 내린다. 60년 전 7월의 날씨도 땅덩이를 온통 가마솥에 넣고 찌는 듯했다.

고등학교를 졸업하고 청운의 꿈을 안고 대학 진학(육사)을 지망하였으나 장남은 제외라는 입시 요강 때문에 포기의 잔을 마셨다. 그런 와중에 가정에서 뜻하지 않던 손재가 발생했다. 이로 인해 진학을 포기하고 착잡한 마음에서 현실 탈피를 궁리 중이었는데 때마침 입영 통지서가 날아들었다. 천우신조로 엄청난 구세주를 만난 것처럼 반가웠다. 7월 24일 포항역 광장에 모여 열차 편으로 논산 강경역으로 간다고 했다. 철부지로 어릴 때에 명절을 손꼽아 기다리듯 했다.

드디어 그날이 왔다. 포항역 광장은 입영 장병들과 전송 나온 가족들로 시골의 대목 장날을 방불케 하듯 발 들여놓을 수 없을 만큼 혼잡스러웠다. 하늘에서는 폭염이 쏟아지고 사람들의 열기까지 더하니 숨이 막혀 모두들 헉헉거리고 있었다. 보다 못한 소방당국에서 소방차를 동원해서 물기둥을 하늘 높이 뿜어 올려 마치 비가 오듯 살수를 했다. 운집해 있는 사람들을 한결 시원하게 더위를 식혀 주었다. 하나같이 열차가 빨리 떠나주기를 기다렸다.

얼마 후에 대열이 열차 승차를 위해 서서히 움직이기 시작했다. 앞만 보고 있는데 갑자기 내 앞에 누군가가 팔을 쑥 내밀었다. 고개를 돌려 보니 아버님이 서 계셔서 깜짝 놀랐다. 아침에 하직 인사를 드리고 아무도 나오시지 말라고 당부를 드렸기에 마음 비우고 있었는데 이 더운 날씨에 노인네가 왜 오셨는지 원망스러우면서도 반가웠다. 사이다 한 병을 손에 쥐여 주시면서 잘 다녀오라는 당부를 하시고 뒤돌아 가셨다. 어깨가 축 처진 촌로인 아버님의 돌아서는 뒷모습을 보는 순간 그렇게도 기다렸던 입영인데 소방차의 물줄기처럼 두 눈에서 뜨겁게 눈물이 마구 쏟아져 내렸다.

지금까지 한 번도 느껴 보지 못했던 아버지에 대한 감정이 벅찬 가슴속에서 북받쳐 올랐다. 평소에는 그렇게 엄하시고 냉정하셨던 분이셨는데 뜨거운 사이다를 자식에게 주실 수 있는 따뜻한 부모의 정을 가지신 분이었구나 싶었다. 어려운 가정 형편에 대가족의 생계를 책임지고 있으니 그 무게가 천근만근이었을 것이다. 그동안에 공부도 하지 못하게 하시고 여러 남매의 자식들에게도 잔정을 내지 못했던 아버님의 심정을 처음으로 느끼게 되었다. 가장으로서 아버님의 책임의 무게를 조금은 이해할 수가 있었다.

시골에서 함께 살 때의 기억을 더듬어 본다. 무더운 여름날 끼니를 늘리려고 나물죽을 끓이면 곡식은 없고 나물만 멀겋게 한 그릇씩 받아 들고 먹었던 일이며, 명절이나 제사 때가 되면 어머니가 화를 내시면서 곡식 한 됫박 머리에 이고 시장 가는 모습이 부모의 무게를 감당하기 위한 견뎌내기 힘든 엄청난 고통이었음을 그때는 알지 못했다. 겉으로 표현은 안 하셨지만 속으로 곪아 터진 자식 사랑에 대한 애정만큼은 삼복더위도 감당하지 못했다. 부모로서의 무거운 책임과 가난의 소치였다.

그렇게도 강직하셨던 아버님도 마지막을 향한 병원에서의 고통을 견디시느라 "술 한 잔만 먹었으면" 마지막 소원을 하셨다. 임종을 앞에 둔 아버님의 소원인데 무엇이든 해 드려야 했다. 병원의 의료진에게 말하지 않고 몰래 사다 드렸다. 오뉴월을 뜨겁게 달구었던 태양보다 몇 백 몇 천 배나 더 뜨거운 아버님의 사이다 사랑에 비하면 아버님의 그 소원은 아무것도 아니었다. 살아계시는 동안 잘 모시지 못한 불효막심이 오뉴월 서리로 가슴을 도려낸다. 매년 7월 이맘때면 가족과 자식들에 대한 사이다에 뜨겁게 녹아내린 애정으로 마음까지도 따끈하게 데워주셨던 아버님의 사랑이 마음 한구석에서 늘 되살아난다. 부족했던 효심에 한없이 부모님이 그리워지기도 한다.

울지도 날지도 못하는 새

추운 겨울을 밀어내고 이제 곧 새봄이 찾아들겠지. 겨우내 깊은 땅속에서 숨죽이고 지내던 생명들이 저마다 고개를 쳐들고 하늘을 향해 그동안 축적했던 힘을 다해 앳된 얼굴로 육중한 무게의 지축을 뚫고 나올 것이다.

겨울잠에서 깨어난 초목들도 파란 잎사귀들로 새봄을 부르는 춤을 추고 있을 때이다. 가지마다 새들을 불러들여 살랑거리는 잎새들의 장단에 맞춰 상춘곡의 향연이 바람을 타고 온 사방에 울려 퍼진다. 입술이 파랗게 질려 울지도 못하고 날갯죽지가 꺾여 날지도 못하는 새는 둥지에 갇혀 슬픈 계절을 노래하고 있었다.

사시사철 좋은 계절에도 안방이라는 새장에 갇힌 채 대가족들에 둘러싸여 숨도 한번 크게 쉬지 못하고 지냈다. 아비 새의 지엄한 분부로 새장 밖의 세상을 모르고 어미 새의 자비로운 그늘에서 아비 성을 욕되게 해서는 절대로 안 된다는 안방 교육을 받으며 자라 왔다. 가난한 시골로 출가 후에도 친정이라는 귀소본능도 잊은 채 갖은 고통을 오지랖에 싸서 이불 뒤집어쓰고 응어리로 굳은 한을 삭여야 했다. 고통스럽던 시골을 벗어나서 둥지를 대구로 옮겼어도 항상 새장 안에 갇힌 새는 바깥세상을 모르기에 날개를 펴고 날 수가 없었다.

80평생을 새장에 갇힌 새가 무사할 리가 만무하다. 철철이 다가오는 관광 여행도 아예 손사래를 치고 마음의 문을 닫아걸었다. 해가 거듭될수록 성한 곳보다 고장난 곳이 날로 늘어났다. 결국 두어 번 수술대에 오르기도 했다. 후유증도 만만치 않게 늘 괴롭히며 따라다녔다. 야윈 말에 물것이 많다고 하듯 허구한 날 병마와 싸우는 고통 속에서 실낱같은 명줄만 겨우 이어가고 있었다.

아비로부터 물려받은 성 하나를 지키려고 긴 인고의 세월을 버티어 왔다. 무쇠처럼 스스로 녹슬어 자신의 몸을 망가트리는 옹고집에 촛불처럼 자신의 몸을 스스로 불태워 세상을 밝히면서도 촛농의 눈물도 한 방울 흘리지 않았다. 새는 울어도 눈물이 없고 꽃은 피어도 소리가 없다고 한다. 속으로 삼키는 눈물의 속내를 알 수가 없고 꽃 피우는 소리를 안으로 삭이는 꽃의 고통을 짐작이나 할 수 있을까? 안타까운 게 세상사인가보다.

새장에 갇혔어도 돈 타령은 잊지 않고 굳게 동여매어 붙잡고 있었다. 무엇에 쓸 거냐고 물어보면 대답이 걸작이다. 새끼들 앞날과 노후 대책이란다. 마치 풍전등화 같은 삶을 살면서도 장래의 걱정이다. 사람은 백년도 살지 못하면서 천년의 계획을 세운다는 고사가 떠오른다. 그나마 돈타령이라도 부르고 있는 게 살아가는 의미라면 만분다행으로 여겨지기도 했다.

이제 굳게 닫았던 새장 문을 열고 다시 돌아올 수 없는 먼 길을 떠났으니 긴 세월 켜켜이 쌓아 옷깃으로 여며 두었던 애환 모두 벗어던지고 푸른 하늘을 훨훨 날면서 가슴이 뻥 뚫리도록 목청껏 소리내어 울어 보렴.

묘전에 잔 올리고 지난날을 떠올리니 왜 그렇게 살아야 했는지 얽히고설킨 여한의 세월이 소리 없는 통곡으로 지축을 흔든다.

갈 곳을 잃고 헤매다

하늘에서 세상을 내려다본다면 돌아가는 세상이 어떤 모습으로 비쳐질까? 아마도 요지경 속을 들여다보고 있는 것 같을 것이다.

추석 명절을 지내고 아침 운동을 나갔다. 매일 아침 운동을 함께하는 지인이 불만스런 넋두리를 늘어놓았다. 명절을 지내고 대문만 나서면 싸움으로 집에 도착한다고 했다. 손자들도 중·고등학생만 되면 말을 듣지 않으니 다 소용없다고 푸념이다. 가만히 듣고 있노라면 가정 다른 데는 없는가 싶다. 명절 끝의 후유증은…….

며칠 전에는 동향인 후배의 전화를 받았다. 만나 뵙고 뭘 좀 물어볼 게 있다고 했다. 아는 것도 없는 돌아선 돌부처인데 얼마나 속이 상했으면 나 같은 돌부처에게 의지하려고 하는가 싶었다. 속담에 아는 길도 물어 가라고 했으니 묻는 게 일상에서 잘못은 아니란다. 요지경 같은 세상을 살아가려면 지인들의 도움을 받지 않고 살기가 힘들 때도 있다. 나에게도 종종 물어오는 사람들이 있었다. 선무당 생사람 잡고 반풍수 집안 망하게 한다는 말이 나의 머리를 스쳐 뒤통수를 친다.

미리 짐작했던 대로 부모님의 제사를 맏이가 아닌 지차도 모실 수 있느냐며 나를 낚아챘다. 성난 얼굴은 설익은 사과로 붉으락푸르락했다. 시골에서 7대째 맏집으로 살면서 집안의 관혼상제에 따른 대소사를 주선했던 경험을 토대로 일러주었다. 시대의 변화와 가가례에 따라 차이는 있을 것이라고 했다. 조상을 받들고 섬기는 것이 나의 근본을 확실하게 하기 위한 일이므로 소홀하게 할 수는 없는 일이다. 추석 명절을 며칠 앞두고 전통의 명문인 어느 문중에서 메가톤급 폭탄선언을 했다. 각종 제례 행사 때 제물의 수를 대폭 간소화한다고 발표했다. 시대의 변화에 대처하는 결단이 다소 늦은 감은 있지만 용기 있는 결정으로 환영해야 할 것이다.

자손들 간에 조상을 받드는 문제로 생긴 파열음 때문에 저세상에 계신 조상님들의 심기가 편할 리 없을 것이다. 명절 때나 기제사 때가 되면 조상님들이 어디로 가야 할지 자손들의 눈치만 살피면서 헤매고 있을 것은 불 보듯 뻔하다. 정화수 한 사발로도 자손들의 정성이라 흡족했던 조상들이다. 극히 일부이긴 하지만 자손들의 편리 위주의 사고나 생활 방식에서 그 원인을 찾을 수 있을 것 같다. 며느리들의 입장에서 설 명절은 시집에서, 추석 명절은 친정으로 공평성만 있어도 불만의 농도는 다소 얕아질 것이다. 덤으로 부부 함께라면 거부할 명분이 더 없게 된다.

지역 개발을 이유로 뿌리째 뽑혀지고 버려지는 고목에 지나지 않는 조상들의 현실이 안타까울 따름이다, 조상을 잘 받들어야 복 받는다는 말은 하나의 구실이 되어 버렸고 무자식이 상팔자라는 말이 현실이 되어 있다. 어느 책에서 보았던 기억을 더듬어 보면 인간이 만들어 낸 AI(인공 지능)로 인해 인간의 영역이 사라지고 있다고 했다. 결국은 사람이 필요 없는 인공 지능의 세상이 성난 파도처럼 밀려올 것으로 내다보고 있었다. 그때의 조상 받들기는?

그나마 전통을 고수하는 유림이나 종가들이 그 명맥을 이어가고 있어서 조금이나마 훈훈한 마음이다.

농우

농사가 주업이던 지난 시절은 농자 천하지대본을 앞세워 사람의 힘과 소를 이용해서 그 많은 농사일을 감당해야 했다. 웬만한 집에서는 농우農牛를 키울 수가 없었고 제법 광농을 하는 집에서나 소를 키울 수 있었다. 한 마을 통틀어도 겨우 네댓 집에서만 소를 키우고 있었으므로 농사철이 되면 소는 가축이 아니라 금덩이만큼이나 귀한 존재였다.

우리 가족은 포항에서 살았고 아버지는 정미소에서 벼 가마니 나르는 일로 삼대의 많은 가족들의 생계를 꾸려 나갔었다. 그러다 6·25전쟁이 휴전되면서 많은 가솔을 데리고 고향인 흥해로 이사를 하셨다. 넉넉치 못한 객지보다 인심 좋고 공기 좋은 고향을 찾았을 것이리라.

도시에서 새는 바가지는 시골에서도 마찬가지였다. 가장인 아버지께서는 논 네댓 마지기로는 대가족의 생계 유지에 미흡하여 남의 논 소작을 겸해서 밤낮없이 흙에 묻혀 해 저문 시간에 들어오셨다. 그래도 가족들의 끼니 걱정은 해결되지 못했다. 소작농이라도 많이 하려면 꼭 필요한 게 농우였다. 남의 소를 하루 빌리면 갚음은 아버지가 이틀을 그 집에서 뼈 빠지게 노동을 제공해야 했다. 엄청나게 힘드신 시기였다.

농촌에서의 농토는 자식만큼이나 장래가 믿음직하다. 농사철에 소 없는 설움을 당해 오신 아버지께서 얼마 안 되는 농토를 처분해서 농우를 구입하시겠단다. 논을 팔아서 소를 구입할 만큼 농우로 인한 엄청난 시련과 고통이 짐작되기도 한다. 가족들의 만류에도 아랑곳하지 않고 이웃 면인 청하장날 농우 구입에 나섰다.

학교가 끝나면 쏜살같이 집에 와서 책가방을 팽개치고 부모님의 농사일을 거들어야 했다. 중학교만 졸업하면 아버지를 따라 농부가 되겠다고 마음먹고 아버지와 약속도 했다. 고교 입시만 보라시던 교장 선생님의 독촉에 견딜 수 없어서 아버지를 졸라 시험만 보겠다고 해서 허락을 받았다. 시험 발표 날도 오전 농사일을 거들고 오후에 발표를 보러 갔다.

학교 벽에 종이로 적어 붙여놓은 합격자 명단을 훑어보다 말고 깜짝 놀랐다. 전면 장학생으로 합격이 되어 있었다. 아버지와의 약속을 지켜야 되기 때문에 걱정이 앞섰다. 막내 숙부께서 아버지를 설득해서 어렵게 진학을 하게 되었다. 가정교사, 자취를 거듭하면서 피를 토해내며 책과 씨름을 했다. 다음 진학은 아버지의 동의를 받아 낼 수가 없으니 국비로 공부할 수 있는 육사를 목표로 노력했다.

농우 구입을 위해 청하장에 가셨던 아버지는 마땅치 않아서 다음 장에 다시 가시기로 하고 집에 오셨다. 할머니에게 돈을 맡기려고 두루마기 주머니에 손을 넣다 말고 펄쩍 뛰셨다. 두루마기 주머니 밑으로 손이 불쑥 나왔다. 소매치기를 당한 것이었다. 그 길로 아버지는 가출을 하셨고 일주일이 지나서 겨우 수소문으로 머무시는 곳을 알았다. 그냥 쉽게 돌아오실 분이 아니었다.

마지막 학기 공납금을 진학 경비로 쓰려고 장학생에서 떨어졌다고 거짓으로 받은 돈을 내놓기로 했다. 공부는 다음이고 부모는 한번 가면 돌아올 수 없으니 그게 급했다. 통장을 주머니에 넣고 아버지를 찾아 나섰다. 할머니와 가족들 앞에 나설 수가 없다고 완강히 거부하셨다.

송아지를 구입해서 3년 지나면 큰 소가 되니 송아지를 사 드리겠다면서 집으로 가시자고 말씀드렸다. 학생이 공부는 안 하고 도둑질이나 노름을 했나 웬 돈이냐고 다그쳤다. 절대로 그런 돈이 아니니까 할머니 앞에서 말씀드리겠다고 하여 집으로 모시고 왔다.

나의 장래보다는 부모님의 생존과 가정이 먼저이기에 장남으로서 그렇게 할 수밖에 다른 방법이 없었다. 돈의 내용을 자초지종 말씀드리고 사죄를 했다. 진학은 종을 쳤지만 그보다 더 귀한 인생 공부를 했다고 생각하니 마음은 오히려 홀가분하고 안정이 되었다.

송아지가 집에 들어오는 날이 가화만사성이었다. 집안에 웃음꽃이 피고 가족들의 얼굴에서 화색이 꽃처럼 만면에 피어났다. 나의 장래를 포기한 송아지는 가문을 화기애애하게 한 복덩이가 되었다. 청운의 꿈을 포기하고 나의 운명을 바꾸게 한 그 소를 몰고 대를 이어 농사를 지으면서 묘한 감정이 교차하기도 했다. 농우가 바꿔 놓은 나의 인생은 '명심보감'의 청렴과 겸손의 행간에 쌓여 오늘에 이른다.

명절의 현주소

지긋지긋하던 더위도 물러가고 가을이 무르익어 가고 있다. 이어서 풍성한 추수의 계절이 다가온다. 농촌은 엄청 바쁜 손길을 기다리고 있을 때다. 세월이 가는 걸 붙잡지 못하다 보니 초록의 시절은 가고 벌거벗은 나목이 되니 새벽이면 누가 깨우지 않아도 일찍 잠에서 깬다. 무심코 벽에 걸린 달력을 보니 명절 연휴가 가을 단풍처럼 붉게 물들어 길게 늘어져 있다. 직장에 있을 때 같으면 반갑지만 지금은 오히려 지겨운 생각도 든다. 사람의 마음도 양면성을 지니고 있기 때문이리라.

우리나라의 전통적인 고유의 명절인 추석이 10여 일 후로 다가와 있다. 설과 추석을 양대 명절이라고 한다. 항상 명절 때만 되면 고향을 찾는 발길로 민족 대이동이 시작된다. 차량들이 도로에 줄지어 혼잡해서 교통 대란을 겪기도 한다. 이로 인한 교통사고도 간단치는 않게 일어나고 있다. 조상을 잘 받들고 섬겨야 복을 받는다고 했다. 정성 들여 조상을 모시는 행사가 끝나면 철부지 때는 세배를 다니면서 세뱃돈에 재미를 붙여 어른들을 찾아다니고 추석 때는 성묘를 다니면서 밤이나 도토리를 줍는 재미로 산천을 헤매 다니곤 했다.

삶의 터전인 객지로 흩어졌던 가족들이 명절을 맞아 모두 한자리에 모여서 화기애애한 담소를 나누면서 즐거운 시간을 가진다. 설 명절은 한 해가 지나가고 새해가 오는 것을 조상님께 알리는 다례이고, 추석 명절은 햇곡과 햇과일을 조상님께 진상하는 절사이다. 명절 때만 되면 20여 명이 넘는 자손들이 모여들어 한바탕 시끌벅적 난리통을 치른다. 혈육 간의 우애로 사람 사는 맛을 느낄 수 있었다. 이때가 되면 7명이나 되는 동생들 등쌀에 간힌 어머니는 허리가 휜다. 양말 한 켤레라도 골고루 준비를 해야 되기 때문에 걱정이 태산이다. 철부지 때는 동생이 적었으면 나도 옷가지도 새것으로 치장할 수 있는데 하는 생각에서 몹시 서운하기도 했다.

코로나 시대가 되면서 명절에 오던 발길이 뚝 끊어졌다. 거리두기의 방역 지침이 내려졌기 때문이었다. 엎친 데 덮친 격으로 60년 동안이나 동고동락하면서 없는 가정에서 모든 가정사와 봉제사를 고생으로 거침없이 훌륭하게 감당해 주었던 집사람이 세상을 등지고 먼 길을 떠났다. 집안의 훈기가 사라지고 싸늘하게 찬바람이 불고 나 혼자 있는 집안은 늘 빈집같이 적막이 흐르고 있었다. 가정의 살림을 맡았던 안사람이 없는 공간은 이렇게 허전할 수가 없었다. 집안이 물 지나간 자리처럼 황량한 빈집 같았다. 집사람 없이 맞는 두 번째 명절이라 더욱 그러하다. 모든 걸 체념하고 세월이 약이라고 했듯 세월이 지나가기를 기다릴 수밖에 도리가 없다.

흉년을 맞은 농가는 추수할 게 없어서 마당과 곳간이 텅 비어 있듯이 명절 때만 되면 그렇게도 웅성대던 자손들의 발걸음이 코로나로 끊어지고 맏며느리 없이 받드는 봉제사를 조금이라도 나를 수월케 도와준다고 발길이 더 뜸해지니 마치 흉년 든 농삿집처럼 찬바람과 고독만 웅크리고 있다. 명절 때에 자손들이 붐비지 않는 고요가 이상하리만큼 조용하다. 이것이 나의 명절의 현주소인가 싶어 서글픔만 온몸 가득히 밀어닥친다.

지난날의 명절 때를 소환해 보면 불과 1~2년 사이가 몇 세대나 지난 것처럼 격세지감이 든다. 그러나 현실은 어느 누구도 부인할 수 없는 현실이다. 명절과 봉제사는 앞으로도 점점 시대 흐름에 맞추어 변하지 않을까 생각이 든다. 훗날 조상님을 만날 면목이 없게 되었다. 생전에 할머니께서 입버릇처럼 일러주시던 자손 번창은 다 어디로 가고 시대가 변하니 명절도 세월 따라 간단없이 변하는가 싶어진다.

초점이 흐려진 삶

어느 외국에서는 음주 운전을 선별하기 위하여 직선 위를 걸어보도록 한다고 했다. 몸의 균형에 따라 음주의 판단을 하는 방법이란다. 일상을 살아가는 우리의 삶에서도 직선 위를 걷듯 똑바로 살기란 하늘의 별을 따는 것만큼이나 불가능한 일이다. 사람의 본심과 양심에 의하지 않고 분간 없이 발등의 불 끄기에만 연연한 삶이 대부분이다.

현재의 우리 사회는 정치랍시고 벌어지고 있는 현실이 너무나 어처구니가 없다. 양심과 상식이 있는 사람으로서는 도저히 이해할 수 없는 거짓과 위선의 억지 주장이 항상 앞장을 선다. 목표나 목적을 두고 그에 충실하고 열심히 바로 살고자 하는 우리들의 일상과는 격세지감을 느끼게 한다. 적반하장이라는 말로는 감당이 안 되는 일들이 세상을 혼란스럽게 하고 있다.

우리의 몸은 코밑을 인중이라고 하여 몸의 중앙이라고 한다. 인중의 위로는 코와 눈 그리고 귀가 좌우로, 아래로는 입과 배꼽, 생식기관과 항문이 존재한다. 두 개의 감각기관들은 호흡을 순조롭게 하고 많이 보고 많이 들으면서 우리의 일상을 조화롭게 바른 삶을 유지 존속하게 하고 있다.

모든 감각기관들은 각자 자기들의 역할을 원만하게 이어가고 있다. 그 가운데에 눈의 기능은 초점으로 시작한다. 초점이 흐려지면 사물의 형체가 바로 보이지 않아서 올바른 판단에 이를 수가 없게 된다. 물론 선천적인 사시나 질환으로 인한 황반 변성이나 백내장, 녹내장 등으로 시력에 지장이 있어서 바로 볼 수 없을 경우는 올바른 삶을 힘들게 한다. 초점이 흐려지면 바람 앞의 촛불처럼 삶이 흔들리게 된다. 일상이 이럴진대 앞으로 펼쳐질 삶도 암담해서 한 치 앞을 내다볼 수 없는 일들을 감당해야 된다.

하늘에 얇은 구름만 덮여도 밝고 환한 세상을 기대할 수 없듯이 시력에서 초점까지 흐려진다면 불 꺼진 항구나 마찬가지로 암흑에 가까운 세상을 살게 된다. 마음의 눈으로 세상을 살고 있는 시각장애인들은 많은 피나는 노력과 수양으로 편견을 무릅쓰고 거의 정상인에 가까운 생활을 누리고 있다.

오늘만 살고 끝날 인생이 아니라면 세월이 마냥 기다려 주지 않는 인생을 어느 누군들 소홀하게 대할 수 있을까? 대개의 사람들은 마음 같아서는 착하고 바르게 살기를 원하고 있을 것이다. 불철주야로 노력해도 삶의 복잡한 구조 탓에 잘 이루지 못하게 된다. 하루살이의 내일을 모르는 삶에서 길을 찾을 수 있다면 만분다행이리라. 초점을 바로 세운 삶을 누리기 위해 세상을 바로 보면서 최선의 삶을 추구하도록 노력할 따름이리라.

5
어정칠월과 동동팔월

고된 가운데에서도 아름다운 풍류의 맥은
대대로 이어져 우리의 젊은이들은 전 세계를 무대로
우리 고유의 맥을 이어 끼를 발산하고 있다.

보리밥

아침에 일어나서 달력을 쳐다보니 5월 8일 어버이날이라고 적혀 있었다. 밑에 적혀 있는 작은 글씨는 부처님 오신 날이라고 했다. 자식과 손주들은 자기들의 시간을 맞추다 보니 다음 주에 들른다고 했다. 조용한 어버이날이 될 것 같다.

아침 식사는 간편식으로 삶은 계란과 바나나 그리고 우유에 들깨가루를 태워서 때웠다. 그래서 점심은 보리밥을 먹으려고 밥집에 갔다. 음식도 철과 계절 따라 제철 음식이 다를 때가 있다. 입하를 지나고 여름의 문턱이라서 보리밥집으로 갔다.

보리는 따뜻한 반면에 남성적이라서 점잖게 수염을 달고 태어난 곳에서 일생을 그대로 살고 있다. 반면에 벼는 차가운 성질에 여성적이라서 반드시 태어난 곳을 떠나 다른 곳으로 옮겨서 살아야 된다. 마치 여자들이 남자를 따라 시집을 가듯 해야 된다. 그래서 농사철이면 모내기를 하게 된다. 음식도 철 따라 바뀌게 된다. 여름철엔 보리밥을 찬물에 말아서 싱싱한 풋고추를 고추장에 찍어 먹는 맛이 일품이고 가을철엔 추어탕, 겨울철엔 따끈한 곰탕이 제철 음식이라고 한다.

평소에도 그 보리밥집엘 자주 갔었다. 선짓국 한 그릇에 시원한 막걸리 한 병이면 점심은 거뜬했다. 그때마다 다른 손님들의 밥그릇을 보면 깜짝 놀라기도 했다. 노란 양푼이가 가득 하도록 담겨 있었다. 속마음으로 저걸 다 먹을 수 있을까 염려도 되었다. 그러나 내 생각은 기우였다. 아무도 남기는 사람은 없었다. 보리밥 맛도 좋고 식성도 좋으니 그럴 것이리라 생각했다.

보리농사는 월동을 하기 때문에 추운 겨울에 얼어죽지 않도록 하기 위해서 거름도 듬뿍 주어야 하고 겨울을 지나 해동이 되면 뿌리를 밟아 주어야 했다. 보리밭 매기도 그렇지만 보리타작은 농사일 중에 정말 힘든 일이었다. 새끼줄로 보릿단을 묶어 어깨 넘이로 탯돌에 내리쳐서 타작을 한다. 소위 잘개질이라고 했다. 땀으로 뒤엉킨 옷 속에 보리 수염들이 들어가면 대책이 없다. 결국엔 옷을 벗어서 불에 그슬려야 그 고통을 면할 수가 있었다.

오늘따라 보리밥이 먹고 싶어서 한 양푼을 받았다. 갖가지 나물들을 넣으니 정말 양푼이 그득했다. 이걸 다 먹을 수 있을까 싶었다. 거기다 막걸리 한 병을 곁들여 다 먹었으니 교촌 최 부자도 눈 아래였다. 아침이 부실했는지 아니면 밥맛이 좋아서였는지는 몰라도 게 눈 감추듯 그 큰 양푼을 단숨에 비웠다. 배가 부르니 마치 임신부의 배처럼 동그스름하게 튀어나왔다. 맛이 있어서 배불리 먹어도 소화가 잘되니까 걱정이 되지는 않았다. 그래서 방귀 길나자 보리 양식 떨어진다고 했다. 지금은 보리밥이 별미로 몸값이 엄청 비싸고 귀한 대접을 받고 있다.

옛 시절에는 집에서 보리밥을 해 먹으려면 미리 보리쌀을 삶아 두었다가 조금씩 덜어서 쌀과 섞어서 밥을 했다. 그것도 청보리쌀이라야 밥맛이 더 있다고 한다. 먹기 좋은 보리밥도 한 가지 흉은 있다. 방귀가 자주 나오고 쉬 배가 고파진다. 아마도 소화 기능을 돋우어 주기 때문이리라. 가스 배출이 잦은 것도 장이나 대장 기능을 원활히 하기 때문이 아닐까. 옛말에도 잘 먹고 잘 싸면 건강하다고 했으니 여름 한 철 보리밥은 우리 모두가 즐겨 먹는 건강식이 아닐까 생각되기도 한다.

수필 '나박김치'를 읽으며

해마다 가을철이 되면 시골에 있는 여동생에게 전화를 한다. 김장 무보다 작은 주먹만 한 크기로 깎아 먹기 좋은 무를 먼저 주문한다. 워낙 무 먹기를 즐기다 보니 매년 미리 주문을 해서 한 자루를 확보한다.

얼마 전에 귀한 수필집 한 권을 얻는 기회가 있었다. 소진 박기옥 대구수필가협회 회장님의 '커피 칸타타'라는 수필집을 선물로 받았다. 책을 읽다 보니 '나박김치'라는 글이 있었다. 평소에 무를 즐겨 먹었기에 관심 있게 보았다. 무에 대한 통찰력이 어떻게 그토록 치밀하고 세심했는가 싶어서 감탄을 했다.

무를 즐기다 보니 나박김치도 아주 즐겨 먹는 식품이다. 동치미, 무 무침, 무 탕국 등을 보면서 입에 군침이 돌 정도로 감칠맛나게 풀어내셨고 특히 "희디흰 무 살을 나밧나밧 저며 내려"라든지 “물을 자작하게 부어 살려내는” 등으로 세심하게 그려내는 그 맛이 솔솔 입안으로 굴러 들어오는 느낌이었다. 남자들은 그냥 먹기만 했지, 맛을 내는 과정이나 섬세함은 흉내도 내기 힘들다. 맛깔나는 무의 요리 과정은 저절로 식욕을 돋아나게 했다.

옛날 시골에서 머슴살이를 하던 사람의 이야기가 생각난다. 그는 아주 골초였다고 했다. 너무 담배를 많이 피우기에 주변에서는 실컷 피우고 죽도록 놓아두었다고 한다. 밤낮없이 피워도 죽기는커녕 오히려 더 건강해졌다고 했다. 머슴은 저녁마다 주인집 무 구덩이에서 무를 주인 몰래 꺼내 먹었다는구나. 그로 인해 담배의 독성이 없어지고 속병조차도 나아져서 아무런 이상도 없고 오히려 죽기를 바랐던 그들만 실망하게 되었다고 한다.

가을걷이가 마무리되면 저녁에 사랑방에 모여서 초가지붕을 이을 새끼를 꼬았다. 한참을 꼬다 보면 지겨워서 슬금슬금 밖에 나가서 밭에 묻어 둔 무를 꺼내 와서 깎아 먹는다. 잠도 깨우고 매운맛에 눈물도 글썽이게 된다. 겨울 무는 인삼보다 좋다고 하면서 무를 먹은 후 10분 동안만 트림을 안 하면 보약보다 더 좋다고 했다.

나박김치는 물론이고 무말랭이를 해 두었다가 겨울철에 무쳐 밑반찬으로 먹으면 그 또한 일품이었다. 기관지 천식이 있는 사람은 무를 푹 고아서 먹으면 거뜬하게 효험을 본다고 한다. 장난꾼들은 무를 불에 구워서 소나 개에게 주어서 소와 개의 이빨을 못 쓰게 하는 짓궂은 장난을 하며 웃기도 했다. 김장을 담글 때에도 배추를 양념에 버무려서 넣기 전에 무를 듬성듬성 썰어서 김장독 밑에다 깔고 그 위에 배추를 넣으면 배추의 갖은 양념이 아래로 흘러내려 무에 배어 곰삭으면 그 맛 또한 최고의 별미로 즐겨 먹었다.

재배하기도 쉽고 갈무리도 어렵지 않은 무 반찬이 식탁에 오르면 제대로 대접 받는 명품 요리가 된다. 뿐만 아니라 건강을 챙겨주는 데도 톡톡히 한몫을 하고 있으니 사람들로부터 대접받아 마땅하다. 소진 선생님 덕분에 감칠맛 나는 무 찬으로 한 상 잘 받았다.

우둔愚鈍과 우둔牛臀

초고속으로 시시각각 변하는 시대를 살아남기란 소뿔을 물렁하게 삼는 것만큼이나 마음에 불을 지펴도 될지 말지 한 일이다. IT 시대라서 눈만 뜨면 또 다른 세상이 생각할 틈도 없이 바뀌어 있다. 뒤처지지 않으려고 쉴 새 없이 휴대폰을 만지작거린다. 일상에서 필요한 웬만한 것은 나름대로 활용을 하고 있는 편이지만 그러나 아직도 새로운 내용들이 나오면 어리석고 둔한 사람 되는 건 십중팔구다.

친구들과 서로 어울리다 보면 그나마 어느 정도 현시대와 가깝다는 말들을 듣기도 한다. 그 말이 엄청난 착오임을 스스로 인정한다. 아주 가까운 것도 바보가 되어 모르고 있기 때문이다. 평소에도 식사 때에 반주로 막걸리를 즐겨 먹는데 혼밥의 부족함을 채워주기 위해서이다. 대구의 불로막걸리로 반주를 한 지도

40~50년도 지났으니 꽤 오랜 세월이었다. 간혹 어떤 곳은 타지역에서 생산하는 제품을 판매하기도 한다. 그러나 그 알량한 애향심의 꼬리를 잡고 불로막걸리로 바꿔 오도록 하기도 했다. 그도 아니면 지역에서 생산하는 참소주로 대체하기도 했다.

옛 시절에는 집에서 누룩과 고두밥을 섞어서 독에 담아 발효시켜 먹었다. 술독에 가라앉은 모주는 보관했다가 귀한 손님이 오면 내놓았다. 술의 모든 영양분과 몸에 좋다는 효소가 빽빽한 모주에 있다는 말에서 근원을 찾을 수 있다. 출가한 딸을 위해 꼭 사위에게만 대접을 했다고 한다. 그러나 요즘의 젊은 세대들은 위에 있는 맑은 물만 마시고 병 밑에 가라앉은 보약은 버리곤 한다. 밥솥에 붙은 누룽지를 소에게 먹이는 경우와 다를 바 없는 처사일 것이다.

저녁 식사를 하면서도 반주를 한다. 어느 날 동네 마트에서 사온 불로막걸리로 반주를 하면서 무심코 병을 들여다보다가 깜짝 놀랐다. 불로막걸리 생산지가 대구의 불로동이 아니고 청도 풍각면으로 되어 있고 빈 병을 배출할 때도 뚜껑은 분리해서 배출하라고 적혀 있었다. 지금까지 수십 년이 지나도록 마시고 있으면서도 으레 불로동에서 생산되고 있다고만 생각하고 있었다. 갑자기 머리가 어디에 부딪힌 것처럼 충격을 느끼면서 이렇게도 바보였나 싶었다. 젊은 시절에는 별명이 이총명이었고, 286컴퓨터라는 소리도 들었는데 이게 무슨 낭패란 말인가. 믿는 도끼에 발등 찍힌다는 경우가 이를 두고 하는 말이었나 싶다.

흔히 하는 말로 헛똑똑이라는 말이 있다. 내가 바로 그런 헛똑똑이가 되었다. 생산지가 어딘지도 모르면서 가는 곳마다 불로막걸리를 찾았고 아니면 참소주를 외쳐 댔으니 이게 무슨 꼴같잖은 일이란 말인가. 청도 풍각에서 생산된 지가 얼마나 되었는지는 알 수 없지만 긴 세월 동안을 길거리 가판대에서 싸구려를 외치듯 알량한 애향심을 앞세워 불로막걸리만 외쳐 댔으니 어찌 이럴 수가 있었는가 싶었다. 소의 볼기살을 우둔牛臀이라고 한다. 육질의 맛이 좀 미련스럽고 별로이다. 그래도 쇠파리가 빨대를 꽂으면 움칫하면서 근육을 떤다. 그런데 나의 우둔愚鈍은 소의 그것만큼도 못한 무감각이었으니 이러고도 애주가라고 거들먹거렸을까? 더이상 체면이 구겨지지 않으려면 우둔의 늪을 빨리 벗어나야 되겠다.

헛똑똑이의 애향심은 종이 접듯 접어서 마음 한구석에 쟁여 놓고 변함없는 반주를 즐겨야겠다. 생산지만 다르지 술맛은 변하지 않았으니 긴 세월 이어온 반주를 그만둘 이유가 없다. 예부터 술꾼은 생산지 불문, 가격 불문, 주향 불문, 장소 불문, 일기 불문, 안주 불문이라고 했다. 곧은 낚시로 세월 낚던 이태백처럼 한결같은 마음으로 반주 잔에 내려앉은 세월을 낚으면서 남은 인생 즐겁게 살아가련다.

약속

인간은 사회적 동물이라고 한다. 여러 사람들과 만나고 어울리고 하면서 일상을 이어가며 살아가고 있다. 매일같이 다가오는 일상 속에서 만남의 약속들을 우선은 말로써 언약을 하게 된다. 약속은 지키기 위해서 있다고 하지 않던가. 그렇지 못 하면 헛말이 되면서 말의 존엄은 물론이고 인격의 척도도 같이 평가되기도 한다. 그래서 남아 일언 중천금이라고도 한다. 물론 특별한 사유가 있는 경우는 그렇지 않을 때도 있다.

아침에 일어나면 만나는 사람마다 "밤새 안녕하십니까?" 하면서 안부 인사를 묻는다. 특히 나이가 드신 분들에게는 밤새 안녕이 아주 중요한 일이다. 노인들의 건강은 시와 때를 가늠하기가 쉽지 않기 때문이다. 그래서 노인의 건강은 믿을 수가 없다고 해서 노강불신老康不信이라는 옛말도 있다.

며칠 전 오랫동안 코로나로 만나지 못했던 지인에게 안부 전화를 했다. 식사라도 할 겸 만나자고 했더니 몇 달 전부터 건강에 문제가 있어서 보행이 좀 불편하다면서 자가운전은 힘들고 근거리는 택시로는 가능하다고 해서 일정을 약속했다. 코로나 전에는 매월 만나서 식사도 함께 했는데 코로나에 발목이 잡힌 후로는 서로가 조심성 때문에 일체의 만남이 끊어졌다.

평소에는 아주 낙천적인 성격에 사회적 베풂에는 인색함이 없이 폭넓게 베풀었으며 무에서 유를 창조할 만큼 집착과 열성이 강해서 타의 추종을 용납하지 않았다. 25년 전 회갑연을 하자는 자식들의 요구를 거절하고 거액의 비용을 매일 다니는 까치산 등산로에 정상까지 5개소의 쉼터를 설치했다. 모든 등산객들에게 음료와 간식을 나누어 주면서 쉬어 가도록 배려를 아끼지 않으셨기에 쉼터 곳곳마다 머무는 사람들의 칭송이 자자했다.

며칠 후에 전화가 왔다. 아무래도 약속을 다음 달로 연기를 해야겠다고 했다. 말이 곧 법이었던 분의 입에서 무겁게 뱉어낸 약속 연기의 변辨이었다. 평소 때 같으면 상상도 할 수 없는 일이었다. 세월을 이기는 장사는 없다고 했으니 아마도 건강 상태가 허락되지 않기 때문일 것으로 짐작이 갔다.

나이가 들면 모든 집착은 버리고 가슴에 묻어두었던 미련도 털어내고 가볍게 살아야 될 뿐만 아니라 나이 들어서의 약속은 황금 같은 소중한 시간이 아닌가 싶다. 그토록 귀한 약속을 뒤로 미룰 때는 그럴 만한 이유가 있어서일 것이다. 나이가 들면 자주 깜

빡해서 약속을 잊을 때가 다반사다. 휴대폰 월중 계획을 논에 모심기를 하듯 빈칸에 깨알같이 심어 놓고 혹여 약속을 어길까 해서 하루에도 몇 번씩이나 보게 된다. 이제는 아예 거동이 불편해서 약속을 지키지 못하는 경우가 있으니 안타깝기만 하다.

지난 6·25 전쟁 시에 국운이 절체절명일 때 인천상륙작전으로 위기의 나라를 승전으로 이끌어 오늘의 번영된 나라가 되게 해준 맥아더 장군의 "노병은 사라질 뿐이다."라는 명언이 회상되기도 한다. 그렇게도 활기 넘치게 사셨던 분이었는데 건강이 허락하지 않으니 법처럼 여겼던 약속도 뒤로 미루는 것을 보면 세월을 이기지는 못하는가 보다. 미루어진 약속에 실낱같은 희망을 가지면서 또 연기될까 안타깝고 조급한 마음뿐이다. 나이가 들면 너 나 할 것 없이 모두가 물거품처럼 자취를 감추고 전쟁의 영웅이 사라지듯 서서히 사라져야 하는 서글픔을 안고 오늘을 살아가고 있다.

친구처럼 연인처럼

시속 80km로 달리고 있으니 세월이 유수같이 빠르다는 말을 입에 달고 사는 게 버릇처럼 되어 버렸다. 세월은 예나 지금이나 항상 변함없이 그대로 자기의 속도대로 지나가고 있다. 세월이 가는 속도만큼이나 우리도 늙어 가고 있다.

하루가 다르게 자꾸 변해가는 모습에 기억력도 따라 변하고 있어서 나날이 물거품처럼 사라지고 있다. 거기서 멈추지 않고 바로 마주보면서 하는 대화도 알아듣지 못하고 멍하니 먼 산 쳐다보듯 다시 물어보곤 하게 된다. 어디 나뿐이겠는가. 세월을 거스르지 못하니 다들 그러하겠지.

지난 세월에는 상상도 할 수 없었지만 IT 산업이 발달하면서 지금은 아이, 어른 할 것 없이 대개가 휴대폰을 만지작거린다. 그것도 절친이나 연인처럼 항상 품에 끼고 다니면서 여인네들이 거울 보듯 한다. 상실된 기억력을 대체하기 위해서 휴대폰 앱에서 월간 일정표를 설정해 놓고 논에 모를 심듯 빈 공간을 채워 넣는다. 어떤 날은 하루에 두세 개의 행사가 비집고 엉덩이를 들이밀 때도 자주 있다. 나이 든 사람들의 기억을 대신하는 데 꼭 필요한 소중한 게 휴대폰이 아닌가 싶다.

이제는 매일의 일과가 휴대폰의 일정에 따라 움직이고 있으니 머릿속의 기억은 점점 물러서게 된다. 일정표가 기억을 대신해 주는 유일한 대안이 되었다. 간혹은 아주 낭패를 당하는 경우도 어쩌다 만나게 된다. 한번은 아주 급한 용무가 있어서 택시를 이용한 일이 있었다. 목적지에 도착해서 연락을 취하려니 휴대폰이 없었다. 급한 김에 택시에 그냥 두고 내렸다. 택시 회사도, 차량 번호판도 보지 않고 내렸으니 연락할 방법이 깜깜이다. 아주 난감한 일이 되었다.

지인의 폰을 빌려서 내 폰에 전화를 하니 택시 기사와 통화가 연결되었다. 천만다행이었다. 사례비를 드릴 테니 돌려줄 것을 요청했으나 지금은 손님 모시고 가고 있으니 내일 만나자고 했다. 다른 손님이 승차하면서 기사한테 전해 주었다고 했다. 당시만 해도 주운 사람이 돌려주지 않고 대리점에 가면 저가로 매입해 준다고 할 때이다. 그렇게 되면 분실 신고를 하고 다시 구입을 해야 되고 모든 걸 다시 입력해서 저장을 해야 하는 부담을 감수해야 된다. 운 좋게도 기사가 보관하고 있다니까 일단 한시름은 덜었다.

그러나 내일까지의 답답함은 이루 말할 수가 없었다. 그 시간부터는 칠흑 같은 암흑의 세상에서 살고 있는 것 같았다. 연락을 전할 수도, 연락을 받을 수도 없는 속수무책이었다. 마치 공연이 끝나고 막이 내려진 무대처럼 답답하기만 한 마음의 적막은 소낙비 후에 몽글몽글 피어오르는 뭉게구름으로 가슴을 메운다. 지난날 휴대폰이 없었을 때는 먹구름 같은 깜깜함으로 어떻게 살았는지 도무지 상상이 되질 않았다.

흔히들 남녀간의 사랑은 안 보면 보고 싶고 보고 나도 또 보고 싶다고들 했던가. 나에게도 휴대폰이 마치 남녀 간의 사랑놀이인 듯하다. 눈에서 멀어지면 마음에서도 멀어진다고 했다. 손이나 눈, 마음에서도 멀어지지 않는 절친이나 연인 같은 존재이다. 한시라도 나한테서 멀어지지 않도록 관리하면서 분실하지 않아야겠다. 항상 긴장의 벽을 쌓으면서 더 많은 사랑으로 다독이며 친구처럼 연인처럼 함께해야겠다고 다짐해 본다.

마음의 간격

해마다 여름철인 7~8월이 되면 온 나라 전체가 휴가철로 들썩거린다. 공항은 외국행 인파들로 북새통을 이루는가 하면 전국의 해수욕장들은 넓은 가슴을 열고 출렁이며 반라의 알몸들을 불러들여 품에 안는다. 그에서 그치는 게 아니고 이름 있는 계곡들도 뒤질세라 시원한 물소리로 사람들의 발길을 불러들인다. 길거리에 붐비던 차량 행렬도 사람들의 왕래도 한결 뜸해지고 숨가쁘게 한숨을 뿜어내던 공장이나 식당들도 큼직한 휴가 명찰을 매달고 문을 굳게 닫고 있다.

며칠 전 어느 신문에 실린 기사를 보고 정말 살기 좋은 세상이구나 하는 생각을 했다. 해외로 나가는 휴가객에 반려견도 동승해서 함께 간다고 했다. 다만 무게가 7kg이 넘으면 좌석이 아니고 화물칸을 이용해야 된다고 했다. 친지나 이웃에게 위탁하는 반려견도 이루 말할 수 없이 많을 것인데 주인 잃은 이들의 휴가는 나의 방콕처럼 낯선 집에서 집콕 신세가 된다. 격세지감이라고나 할까. "오뉴월 여름철에는 개 팔자가 상팔자다."라고 전해오던 말이 이로써 한층 더 실감나게 해 준다.

오랜 직장 생활에서의 휴가철을 소환해 본다. 집안에서 방콕만 했으니 휴가는 먼 산 불구경하듯 했다. 직장을 그만둔 지금도 별로 달라진 게 없다. 지인들에게 전화를 걸어 봐도 휴가를 간다는 소리는 가뭄에 빗방울이었다. 지금은 할 일 없으니 일상이 휴가나 다름없이 여유로운 시간들만 계속 축 늘어져 있다. 그래서 '있는 건 시간뿐이다.'라는 말도 자주 하게 된다.

옛 시절의 조상들은 피서철이 되면 바다에 가서 모래찜질로 허리 통증을 치료하거나 근처의 약수터에서 속병을 다스리기도 하고 그도 저도 안 될 때는 대야에 시원한 물 받아 놓고 발 담그는 게 고작이었다. 그 시절을 생각하면 지금은 에어컨이나 선풍기 앞에서 집콕이라도 할 수 있는 것도 엄청나게 좋은 휴가철의 피서법이려니 하면서 지내야 한다.

'마음을 다스리다'라는 말이 있다. 어지러운 일이나 상태를 수습하여 바로잡거나 잘 다루는 것이라고 한다. 직장에 있을 때나 퇴직한 지금이나 유야무야로 그냥 지나가 버리는 게 나의 휴가철의 현실이다. 그래도 만나는 사람들마다 휴가 갔다 왔느냐고 물으면 그렇다고 대답을 하면 모두가 인정을 했다. 검은 얼굴 피부색 덕에 휴가를 넘겨짚는다. 반려견들의 해외 나들이 휴가를 보면서 반려견들의 휴가철보다 못한 나의 휴가철 마음의 간격은 어느 정도의 거리에서 머무르고 있는 걸까? 틈이 벌어진 마음의 간격을 좁히려면 스스로 마음을 다스리는 방법 외에 별도리가 없다.

날이 지날수록 무더위는 예년과 다르게 점점 열기가 짙어져서 매일 36~37도를 오르내리고 있다. 밤잠을 설치게 하는 열대야도 극성스런 코로나만큼이나 끈질기게 극성을 부리고 있다. 일상을 만만하게 돌아가도록 내버려두지 않고 있다. 연일 푹푹 찌는 가마솥 열기에 방금 삶아낸 배추 잎처럼 몸과 마음은 중심을 잃고 흐느적거리고 있다. 마지막 더위의 발악은 논과 밭 작물들에게는 풍성한 수확을 잉태하는 고통의 순간이다. 다가올 풍년의 기대감으로 폭염의 고통쯤이야 대수롭지 않은 일로 치부하고 만다.

그러나 다행스럽게도 입추, 말복이 코앞에 바짝 다가와 있고 땅에서 찬 기운이 솟아난다는 처서가 저쯤에서 기웃거리고 있어 휴가철에 대한 마음의 간격은 풍년의 기대감과 함께 가을에 자리를 비워주고 꼬리를 내리고 떠나고 말 것이다.

도를 넘나드는 맛길

선후를 가릴 수 없는 말 중에 '닭이 먼저냐, 계란이 먼저냐'라는 말과 '살기 위해 먹느냐, 먹기 위해 사느냐'라는 말이 있다. 무엇이 먼저이고 어느 것이 나중인지 지금도 답은 명확하지가 않다.

사람은 먹어야 산다. 먹지 않으면 목숨을 유지할 수가 없기 때문에 아침에 눈만 뜨면 먹거리부터 챙긴다. 사람의 부단한 활동도 배를 채우고 나서 시작이 된다. 먹지 않고는 아무것도 할 수가 없다. 세상에서 가장 큰 서러움이 배고픈 서러움이라고 한다. 나이 들면 늙고 병들어서 생을 마치게 된다. 지난 세월에는 못 먹고 굶어서 생을 마감하는 경우도 흔하게 있었다. 지금도 후진국에서는 먹지 못한 아사자들이 날로 늘어나고 있다고 한다. 그래서 '식이위대'라고도 한다.

지금은 먹거리가 흔한 때라서 많은 사람들은 입 심부름에 정신을 팔게 된다. 점심시간만 되면 입맛에 맞는 음식을 찾아 이곳저곳으로 나간다. 마치 물고기들이 먹이 따라 이리저리 몰려다니듯 한다. 방송이나 광고에서 보든지 아니면 입소문을 들으면 거절 없이 서울이고 부산이고 시, 도를 넘어 어디라도 찾아 나선다. 우리들의 삶이 여유가 있고 윤택하다는 증거이리라.

머잖은 지난날을 회상해 보면 경남 거창을 지나 해인사 입구에 붉고 연한 무지개송어는 양식 과정을 속지 않고 직접 볼 수 있어서 맛객들이 몰려든다. 부산 동래의 짚불 곰장어구이는 향긋한 짚불 향으로 술맛을 당기게 하여 맛객들이 찾도록 하였고 또한 부산 기장의 갯장어는 기름기를 쏙 빼낸 보리밥알처럼 해서 담백함으로 맛객을 불러들인다.

강원도 횡성의 한우는 부위별 맛 자랑이 일품이었고 전주비빔밥은 양반들의 품위와 체통을 느끼게 하였다. 남원의 진한 국물의 추어탕, 담양의 상큼한 대나무밥, 금강의 얼큰한 쏘가리매운탕, 영덕의 물가자미 물회 맛, 포항의 별미 과메기 등 입에 군침돌게 하는 특유의 맛으로 사람들을 모여들게끔 하고 있다.

몇 해 전 어느 모임에 회원들의 성화로 동대구역을 출발하는 무궁화 열차를 타고 가을 단풍을 곱게 입은 소백산의 영주를 거쳐 정동진으로 달려갔다. 단풍 구경 겸 싱싱한 동해의 회 맛으로 마음의 점을 찍어 보잔다. 해발 700m의 도계와 통리역(해발 250m)을 지날 때는 열차가 굼벵이 뒷걸음질하듯 스위치백으로 꿈틀거렸다. 장시간 기차 여행이 지루했지만 잠시 후 입의 즐거움에 마음이 들떠 있었다.

점심시간을 한참 지나 늦게 도착한 탓으로 서둘러 식당으로 갔다. 시장이 반찬이라더니 혀끝에서 싱싱한 청정 회 맛도 돌기 전에 목구멍을 통과한다. 한참을 정신없이 먹다 보니 떠나야 할 승차 시간이 임박했다. 파도가 넘실대는 바다 구경도, 많이 알려진 모래시계도 뒤로하고 서둘러 출발했다. 날이 저물어 동대구역에 도착하니 맛있게 먹었던 회 맛이 피로에 지쳐 노곤했다. 한 끼의 입 심부름치고는 대구에서 강원도 정선까지 꽤 먼 거리를 넘나들었다.

어정칠월과 동동팔월

지금은 자주 볼 수 없지만 가끔씩 민속놀이나 TV화면에서나 볼 수 있는 광경이다. 정월 대보름이 되면 농자 천하지대본農者天下之大本이라는 깃발을 펄럭이며 집집마다 찾아다니면서 한 해 풍년 농사의 기원과 마을의 만사형통을 위해 풍물을 울리곤 하였다. 이는 우리 민족에게 전통으로 전해 오던 고유의 민속놀이 모습이다.

양반이나 선비들이 쓰고 다니던 끝이 뾰족뾰족 솟은 정자관을 눌러쓰고 콧수염을 쓸어내리는 양반이 선두에 서서 깃발을 앞세우고 다녔다. 농경사회인 당시는 농사 외에는 먹고살 길이 없었으니 아마도 농사를 천하에서 가장 중요시했기에 농자 천하지대본이라는 깃발을 앞세워 다녔을 것이다.

농사의 일년지계一年之計는 시어춘始於春이라고 했다. 한 해의 농사 계획은 봄에 씨앗을 뿌리는 것으로 시작되고 그래야 가을에 추수할 것이 있다고 한다. 농사일이 시작되면 어설픈 농사꾼인 나로서는 다른 사람들보다 더 많은 땀과 고통에 시달리며 열심히 해야 한 해 농사의 풍년을 기대할 수가 있었다. 물론 천재지변이 있을 경우는 핫바지에 방귀 새듯 풍년은 날아가 버린다.

농촌에서 가장 바쁜 시기를 농번기라고 한다. 비 올 때를 맞추어서 적기에 논과 밭에 파종을 해야 한다. 간혹 봄누에라도 치는 집은 더더욱 정신을 못 차릴 정도로 바쁜 시기이다. 이때는 죽은 송장도 일손을 도우려고 꿈틀댄다고도 한다. 눈코 뜰 새 없이 바쁜 농사꾼들의 마음은 빨리 농번기가 지났으면 하는 바람이다. 그래서 더디게 지나가는 것처럼 느껴지는 5월을 깐깐5월이라고 했다.

사람이 살아가는 데 배고픈 설움이 제일이라고 한다. 더구나 식솔이 대식구인 우리 집은 다른 사람들보다 배고픈 설움을 더 많이 당해야 했다. 목구멍이 포도청이라 끼니때만 되면 한 숟갈이라도 더 먹으려는 철부지는 눈알을 휘둥그레지며 전쟁을 방불케 했다. 그래도 먹거리가 부족하면 풀뿌리를 캐거나 나무껍질을 벗겨서 먹고살아야 했다. 그 시절을 겪어 보지 못한 현대의 사람들은 라면이라도 끓여 먹으면 되지라고 하지만 부족함을 모르는 세대들의 배부른 풍요의 넋두리로 들린다.

농번기가 끝나면 농사꾼들은 다소 숨통을 늦추고 조금은 여유로운 때이다. 삽을 어깨에 메고 들판을 둘러보기도 하고 소 먹이용으로 망태를 메고 풀을 베러 가는 게 고작이었다.

어정어정하는 사이에 지나간다고 '어정칠월', 빨리 지나간다고 '동동팔월'이라고 했다.

추석을 지나면 추수와 월동 준비로 봄철 농번기에 버금가는 일들로 또 한바탕 난리통을 치러야 한다. 그래서 어정칠월과 동동팔월은 농사꾼들의 재충전 시기이기도 하다. 이때 외에도 매월 하루씩 쉴 수 있도록 정해진 절기들이 있어서 그나마 다행이었다. 우리 조상들의 혜안을 짐작하고도 남는다.

옛 선조들은 일손이 바빠도 마음만은 항상 넉넉하고 여유 있게 즐기며 살아왔다, 자손 대대로 변하지 않고 전래해 오는 고유의 민속놀이는 핏줄만큼이나 진하게 전해 내려오고 있다. 마지막 논을 다 매고 난 후에도 빽빽하고 텁텁한 농주 한 사발씩 마시고 농악을 치며 마을로 내려온다. 마을 주민들과 합류해서 한바탕 걸쭉한 놀이마당이 벌어진다.

이렇듯 고된 가운데에서도 아름다운 풍류의 맥은 대대로 이어져 우리의 젊은이들은 전 세계를 무대로 우리 고유의 맥을 이어 끼를 발산하고 있다. 전 세계인들의 갈채를 받아 나라의 위상을 드높이는 데 큰 몫을 감당하는 자랑할 만한 일이다.

양심良心과 양심兩心 사이

사람으로서 변변치 못해서 사람다운 행동을 하지 못할 경우를 대개 금수에 비유해서 말하기도 한다. 그래서 짐승만도 못한 놈이라고 한다. 사람은 체면과 염량이 있어서 동물과 다르다고 한다.

꽃의 아름다움과 향기는 벌과 나비만 불러들이는 게 아니고 행인들의 눈길과 발길도 사로잡아 멈추게도 한다. 아름다움의 선호는 동서고금을 통해서도 사람의 마음속에 잠재해 있기 때문이리라. 그래서 꽃을 싫어하는 사람은 아무도 없다.

내가 살고 있는 공동 주택 옆 조그마한 공터에 가로용 대형 화분 몇 개가 놓여 있다. 새마을부녀회에서 색색이 고운 꽃들을 철철이 바꾸어 가면서 심어준다. 아침마다 눈길을 꽃들에 꽂아 놓고 보살피고 있다. 행인들도 가끔씩 꽃과 눈이 마주치면 가던 발길을 머무르다 지나간다. 사람들은 아침에 일어나면 서로 간에 밤새 안녕이라고 인사를 나눈다. 밤새 안녕치 못한 화분의 모습을 보면서 경악을 금치 못하는 변고가 생겼다.

곱고 예쁜 꽃들을 흙으로 덮어 생매장을 해서 질식을 시켜 놓았다. 아무도 없는 밤중에 꽃들은 생의 절규를 얼마나 했을까! 자식을 키우는 심정으로 애지중지 어루만지며 키워 온 꽃송이들을 이토록 무자비하게 흙으로 뒤덮어 씌우다니. 아니 이게 어떻게 사람의 짓이란 말인가. 기가 막혀 말이 나오지 않았다. 옆에 있던 화분을 쏟아붓고 그 화분을 가져가기 위해서 한 무지막지한 소행이었다. 자기만의 만족을 위해서 이기적이고 비양심적인 이들이 나라를 혼란스럽게 하고 있는 현실을 보며 개탄을 금할 수 없게 된다.

사람으로서 마땅히 가져야 할 바르고 착한 마음을 양심良心이라고 한다. 또한 자기의 행위에 대한 옳고 그름, 선악을 판단하고 명령하는 도덕의 의식도 양심의 범주에 속한다고 한다. 반면에 겉과 속이 다른 두 마음도 양심兩心이라고 한다. 그렇다면 모두가 사랑하는 예쁜 꽃을 흙으로 생매장한 양심은 짐승만도 못한 두 마음의 사람임에 틀림없는 사실이리라.

평소에도 꽃들에게 못할 짓은 크고 작게는 늘 있어 왔다. 마치 자기네 쓰레기통으로 착각하고 담뱃갑, 꽁초, 휴지 등 온갖 오물을 항상 화분 속에 숨겨 두고 간다. 한심스런 작태에 실망을 하면서도 매일 말끔하게 청소를 하였다. 작열하는 태양을 끌어안고 환한 웃음으로 방실거리며 대해주던 자식 같은 꽃이었다.

비양심인 두 마음의 현주소를 꽃 화분에서 보면서 한없는 서글픔을 느낀다. 남들이 보지 않는다고 두 마음의 양심들이 사회 구석구석에 도사리고 있는 병든 사회에서 우리의 일상도 흙더미에 묻힌 꽃들의 생과 다르지 않을 것이다. 그러고도 화분 옆을 지나다니고 그 얼굴로 꽃을 보며 지나칠 수 있을까? 자라나는 세대들이 보거나 알까 봐 두려움도 생긴다.

혹자들은 두 마음의 비양심을 두고 속에 털이 났다고도 한다. 올바른 양심으로 돌아올 수 있게 하는 제모제나 탈모제는 언제쯤 개발될까? 살기 좋은 사회가 되려면 두 마음의 양심보다는 착한 마음의 양심이라야 될 것이다. 우리들을 대표한다는 선량들의 한심스런 행태를 보면 실망을 넘어 한심스럽기도 하다. 두 마음의 양심을 가진 이들의 행태는 언제까지일까.

달빛동맹

8월의 태양열이 지구를 후끈하게 데워 놓은 오후 대구를 떠나 포항으로 향했다. 달빛동맹 교류 행사가 열리는 울릉도로 가기 위해서였다. 1시간 반을 달려 포항에 도착하니 출렁이는 동해의 푸른 물결이 기다리기라도 한 듯 반갑게 맞이해 주었다. 밤 11시 50분에 울릉도행 크루저가 출항을 한다고 했다.

음력 7월 하순으로 치닫는 절반의 달빛은 우리들이 잠든 시간에 몰래 지나갈 심산이었다. 칠흑 같은 동해의 거센 물결을 헤집고 나아가는 크루저는 비워가는 인생길에 그리움을 채워가며 울릉도를 향해 항진하고 있었다. 거구의 몸으로 밤바다를 지나가는 움직임은 잔잔한 호수에 떠 있는 오리배처럼 평온을 유지하며 달리고 있었다.

달구벌인 대구와 빛고을인 광주를 상징하는 첫 글자를 따서 달빛동맹이다. 자연의 달빛은 사람들의 마음속에서 고요와 애잔한 사랑의 대상이었다. 그래서 문학이나 예술에 깊숙이 자리매김하고 있다. 많은 작품들이 달빛을 소재로 우리들의 삶에 파고들어 가까운 친구처럼 근접해 있다.

밤새 달려서 이른 아침에 울릉도에 도착했다. 언제 보아도 변함없는 신비로운 자연의 섬이다. 아무리 과학이 발전을 거듭해도 사람의 능력으로는 불가능한 오묘한 조각 같은 자연의 모습으로 우리 일행들을 맞이해 주었다. 일상을 살고 있는 인간은 자연 앞에서 겸손과 섭리를 따르는 순한 양이 될 수밖에 없다. 지나온 세월을 되짚어 보면서 자연이 일러주는 새로운 인생의 좌표를 설정하기도 한다.

다음 날 울릉도에서 약 1시간 반을 달려 독도에 도착했다. 운이 썩 좋은 날이었다. 일기가 고르지 못하면 출항을 하지 않거나 출항했더라도 독도에 입도도 못하고 되돌아와야 한다. 3년 만에 다시 찾은 독도는 부모가 자식 집을 가는 기분이었다. 두 팔을 크게 벌리고 가슴에 품으니 오랜만에 자식을 품 안에 안은 듯 아련하고 애달픈 마음이 가슴속에서 몸부림을 친다. 애국의 마음도 이에 못지않았다. 독도를 사랑하는 많은 발길이 이어지고 있어 독도가 더이상 외로운 섬이 아님을 확인하고 나니 평화와 안정의 물결이 파도처럼 밀려오고 있었다.

달빛동맹은 다양한 예술과 문학이 한마음이 되어 친목과 우의를 다지는 교류의 기회이다. 마지막 날 대구와 광주의 문인들만의 미팅은 더욱 뜻 깊은 의미를 갖게 하였다. 대구와 광주의 문학 발전의 의지를 술잔에 담아 힘차게 건배를 했다. 대구에서는 울릉도 명품 회를 준비하고 광주에서는 그 고장의 명품인 민어와 홍어를 준비해서 먼 길을 직접 가지고 왔다. 정성과 성의에 우리 모두는 감명을 했다.

글의 밑천이 짧아 문리文理가 터지지 않고 막혀 있어서 고민에 고민을 거듭하고 있었는데 이번의 달빛동맹은 새로운 다짐을 결심하게 하는 좋은 계기가 되었다. 문학과 예술의 교류로 두 지역 간의 한층 더 밝은 미래가 기대된다. 겉보다 속살 영그는 과일처럼 알찬 글을 이어 가려고 노력하고자 한다.

늘어나는 것에 대하여

지금은 눈을 닦고 살펴도 보기 드문 일이지만 날씨가 무더운 여름철이 되면 시골 장날에 가끔씩 눈에 뜨인다.

기다란 장대에 검은색 고무줄을 주렁주렁 매달고 팔러 다녔다. 뜨거운 열기로 축 늘어진 고무줄이 우리들의 인생살이가 풀 죽어 늘어뜨린 형상을 되새기게 한다. 무엇으로도 보상 받지 못하는 폐타이어가 탈바꿈해서 새로운 변신으로 되살아나는 것을 보면 우리들의 삶도 변신을 할 수 있었으면 하고 생각해 보게 된다.

인간은 행복하게 살기 위해서 재산을 늘리기에 수단과 방법을 가리지 않고 뛰어든다. 부의 축적이 희망이고 행복이라고 여겨 왔기 때문이다. 옛말에 천석꾼은 천 가지 걱정, 만석꾼은 만 가지 걱정이라고 했다. 삼대를 지탱하는 부자도 드물다고 한다. 그런데도 재산이 늘어나기만을 학수고대한다. 재물이 늘어나면 근심 걱정도 함께 늘어나는데도 전연 개의치 않고 무조건 부의 축적만을 좋아할 일은 아닌 성싶기도 하다.

세월 탓인지 아침에 눈을 뜨면 몸의 여기저기에서 마찰음이 파열음으로 들려온다. 오래된 가구들이 서로 삐걱거리며 내는 소리처럼 귓전을 울린다. 육신의 마찰음을 달래려고 병원 문턱을 내집 드나들 듯한다. 해를 거듭할수록 거실의 진열장 위에는 여느 종합병원처럼 각 과별 약으로 채워진다. 나이가 들수록 진열장은 침략군으로 변한 약병들에게 영역을 점령당하고 있다. 한 가지 병에 천 가지 약이 나온다고 하니 약병이 늘어나는 만큼 그들의 영역도 계속 넓혀지고 있을 것이다.

집에 있는 날은 사흘이 멀다 하고 응급차의 사이렌 소리가 이웃이나 길에서 자주 듣게 된다. 남의 일 같지 않고 가슴이 덜컹 내려앉는다. 몇 시간이 지나면 누가 ○○요양원으로 실려갔다고 한다. 살아서는 돌아올 수 없는 곳이 요양원이라고들 한다. 응급차의 사이렌 소리도 끊이지 않고 들어야 하니 인생의 허무함이 온몸을 조여 온다.

언젠가는 먼 길을 떠나야 하는 인생길 앞에 본인의 의사와는 상관없이 좋고 나쁨을 가릴 겨를도 없이 요양원으로 보내진다. 비온 뒤의 대나무 새순처럼 요양원 간판들이 총총히 눈에 들어온다. 즐비한 요양원 수만큼이나 간병의 수준도 내 부모 내 형제들 보살피는 정성으로 양질의 돌봄이었으면 한다.

간혹 들려오는 요양병원의 소리들이 귓전을 거슬리게 한다. 힘없는 노인이 되면 너 나 할 것 없이 종사하는 그분들도 결국은 그 곳으로 와서 생을 마감하게 될 텐데.

6
계묘년의 쌍무지개

새들의 날갯짓이 기류를 가르고
물고기들이 물살을 가르는 자연의 순리를 모르고 살아온
지난날의 일희일비가 만감으로 교차한다.

열정의 불빛

세월 덕분에 노력하지 않고도 포만감이 넘치도록 나이를 먹었다. 새벽잠이 없어서 매일 아침 일찍 운동을 나간다. 나이 들어서 3대 보약인 식보, 행보, 잠보 중에서 금호강변을 꾸준히 걸으며 행보를 실천하고 있다.

지인의 권유로 사주팔자에도 없는 새로운 운동을 시작했다. 맑은 새벽 공기를 마시며 푸른 잔디 위에서 공놀이하며 걷는다면 행보에는 금상첨화란다. 옛말에 부대껴 ○○질 한다더니 내가 그 짝이 되었다. 파크 골프는 나이 든 노인들의 운동이라며 채찍을 날린다. 아름다운 거절을 할 수 없어 울며 겨자 먹기로 골프채를 잡았다. 세차게 한 대 얻어맞은 공은 잘못이 없다고 반항하면서 세월 이기는 장사 없다고 구시렁대며 도망쳐 풀숲으로 몸을 숨긴다. 후발 팀의 눈치를 보며 한바탕 소란스런 수색전이 벌어지기도 한다.

가을이 익어가는 황금 들판을 지나 금호강에서 날아온 청정 공기를 마시며 지인들과 어울리는 게 좋았다. 여명을 바닷속에 숨겨 놓은 어둑한 시간에 갈 때는 착각에 사로잡힐 뻔했다. 유년 시절 어른들에게서 들었던 도깨비불을 보는 느낌이었다. 멀리서 보니 공중에 쭉쭉 뻗은 불빛이 어지럽게 엉켜서 이리저리 날아다니고 땅에서는 동그란 불빛이 꼬리를 깔고 갔다 왔다 멈추기를 반복한다. 틀림없는 도깨비불 장난이었다.

오래전에 지인의 소개로 달성군 하빈의 작은 사찰을 방문한 일이 있었다. 요사채에 드니 벽 한쪽에 안과에서나 보았던 시력 검사 판이 걸려 있고 벽면 전체가 온통 감사장과 감사의 손 편지로 도배를 하고 있었다. 황당한 것을 보는 순간 깜짝 놀랐다. 스님에게 절에서 웬 시력 검사냐고 했더니 이상하다는 표정으로 쳐다보며 사람은 몇 기통이냐고 한다. 어리둥절하고 있으니 사람은 5장 6부로 6기통이라고 한다. 안경도 도수에 한계가 있어서 그 한계를 벗어나면 치료가 불가능하단다. 안과에서 치료 불가능한 시력도 6기통을 한꺼번에 발전시켜 두 눈으로 보내면 잃었던 시력이 회복된다고 했다. 스님의 그 말씀에 반신반의하면서 벽에 나붙은 손 편지와 감사장을 다시 쳐다보았다.

이른 새벽에 도깨비 장난같이 건강과 젊음을 찾아서 저렇게들 열정을 불태우고 있는 것도 우리 몸에 잠재되어 있는 6기통을 발전한 결과인가 싶은 생각에 잠시 잠겨 본다. 하늘과 땅에서 혼란한 불빛들이 건강과 젊음을 찾는 열정으로 밝고 환한 빛이 되어

헤드 랜턴과 야광 공에서 발산하고 있는 느낌이 들었다. 지난날 야간 통행금지 시대에 통금 해제 시간을 기다리듯 새벽잠이 없는 노인들은 골프장 개장 시간만 되면 머리에 해드 랜턴과 야광 공으로 하나같이 구장으로 몰려든다.

먼바다에 숨어서 때를 기다리던 여명이 거센 파도를 박차고 하늘로 솟아오르면 난리를 치던 도깨비불은 온데간데없고 어느새 건강과 젊음을 캐러 가는 광부의 모습으로 변신을 한다. 건강한 육체와 뜨거운 마음이 맑고 밝은 내면의 모습으로 실루엣에 투시되어 들어온다. 이것이 노령의 행복이구나 하는 생각에 열정의 불빛에 내 모습을 비춰 본다.

12월의 망상

망령 들 나이에 망상을 한다고 어느 누구 손뼉 쳐 줄 사람 있으려나. 해마다 12월이 되면 풍성했던 옷을 모두 벗어버린 가로수는 앙상한 맨몸으로 매서운 북풍한설에 떨고 서 있다.

한 해 365일을 품고 매일같이 하루하루를 변함없이 떠나보내더니 이제는 마지막 한 장에 몇 날을 보듬고 외롭게 벽에 기댄 채 새해를 기다린다. 매일 떠나간 형제들의 마음에는 온갖 세상의 역사를 품고도 말이 없다. 삭풍을 몰고 온 12월은 세상이 멈춘 듯 오가는 발길을 붙잡아 삭막하기만 하다. 돌담 구석진 모퉁이 양지바른 곳에 쪼그리고 앉은 노인들은 햇살 마중에 여념이 없다. 구름 사이를 빠져나온 한 줄 햇살이 어깨라도 다독이면 주름살 사이사이로 할미꽃을 활짝 피운다.

어제가 옛날이고 오늘이 현재인 노인들에겐 나이테만을 부둥

켜안은 채 내일은 베일에 싸인 미지의 세계이다. 한 해를 떠나보내는 아쉬움은 한숨과 눈물로 이어진다. 낳은 정, 기른 정 가슴에 켜켜이 쟁여 놓고 남의 집 가문으로 출가하는 딸자식의 뒷모습을 보며 냉가슴을 쥐어뜯는 어버이의 심정도 한 해를 보내는 노인들의 심정과 다를 바 없을 것이다.

설마에 속아 내년에는 괜찮겠지 해 보지만 지난해나 올해가 거기서 거기다. 치솟는 물가에 허리띠 졸라매고 바동거려도 마음은 흰 구름으로 둥둥 떠나간다. 이름 없는 풀이 없고 핑계 없는 무덤 없다지만 가슴속에 묻어두고 못다 한 사연들은 청산에 누워 가랑비에 흠뻑 젖는다.

해마다 찾아오는 365일이지만 언제나 알알이 영글지 못한 날들이 깨알같이 많고 넘쳐나니 눈치 챈 작심삼일은 줄행랑을 친다. 코로나에 발목 잡혔던 망년회, 송년의 밤이 찬란한 조명 아래 출렁이며 반짝인다. 늦깎이 해넘이도 얼싸 좋다며 다리를 걸친다. 한 해를 보내는 마음이 이렇게 좋기만 한 것인지 잠시 동안 망상에 잠겨 본다.

한적한 산사를 찾아 지난해를 되돌아보며 앞날을 설계하면서 세파에 찌든 몸과 마음을 가다듬던 옛사람들의 송구영신이면 어떠하랴. 사돈 남 말하듯 앞뒤 좌우가 갈피를 가늠할 수 없는 혼란으로 한 해를 보내야 하는 현실에 남다른 의미를 되새겨 보게 된다.

어느 글에서 “임만 임이 아니라 마음 줌은 모두가 임”이라고 했다. 망령 든 망상일지라도 모두가 마음 준 임이었으면 한다. 수신자 없는 내용들이 허공을 날면 보낸 이의 마음도 허공을 맴돌면서 한 해를 보내게 될 것이다. 새해에 떠밀린 한 해가 말없이 자리를 비워주고 슬그머니 사라진다.

낙엽을 밟으며

딱히 주어지거나 맡겨진 일도 없으면서 밥숟갈 놓으면 정신없이 뛰쳐나간다. 직장을 그만둔 지도 두 해나 되는데 현직 때보다 더 바쁘다. 지인들도 "놀면서도 더 바쁘다"고 한 말이 이해가 된다.

대구문인협회를 비롯하여 6~7개 봉사단체에 참여하다 보니 일정이 겹치는 날도 많다. 진이 빠져 집에 들어올 때는 두 손만 바지 주머니에 덩그러니 들어 있다. 직장에서 벗어나면 시간의 여유를 가지고 유유자적하고자 했던 화살이 과녁을 빗나갔다. 왜 이렇게 살아야 하는가? 자문도 해 본다. 혼자 있는 노인네라고 자식과 가족들은 건강 걱정이 이만저만이 아니다. 과다한 외부 활동을 접지 않으면 훗날 크게 후회할 일을 감당해야 된다면서 다그치는 목소리가 빗발치듯 한다.

삼麻밭 같은 월정 계획표에 오늘은 빈칸이 눈을 의심하게 한다.

집 앞 도로를 어슬렁거린다. 차량들은 여전히 바쁘게 내달린다. 아무 생각 없이 보도를 걷고 있으려니 발밑에서 빠아싹 소리가 귓속을 파고든다. 나의 발밑에서 엄마 품을 떠난 낙엽들이 온몸이 부서지며 내지른 신음 소리였다. 가로수들의 겨울 채비를 깜박 잊고 살아온 탓이리라. 온 사방에 널브러진 낙엽을 바람이 한곳으로 불러모으고 있었다. 노인네들은 또 한 해를 보내야 되는 서글픈 마음에 길바닥에 나뒹구는 낙엽도 예사롭게 보이지 않는다.

그들에게 더는 상처를 주지 않으려고 발걸음을 붙들어 매고 그들의 소곤거림에 귀를 기울였다. 간간이 불어오는 바람을 껴안고 바싹 마른 몸을 이리저리 부딪치면서 소곤대곤 한다. 봄 햇살에 키 재기로 시샘하며 한여름 뙤약볕에 짙푸르게 으스대던 시절의 무용담에서 가을바람에 알록달록 몸치장하고 낙엽 따라 가버릴 그리운 고운 임 찾아 길바닥에 질펀하게 모여 있다.

지난날의 무용담이 떠오른다. 사나이로 태어나서 국방 의무를 마친 전역자들의 무용담이 아주 신이 난다. 남자들이 모여 앉는 자리마다 푸른 제복 시절의 자랑을 빼면 팥소 없는 찐빵처럼 설렁해진다. 서로 자기가 더 용감했노라고 역발산기개세力拔山氣蓋世인 듯 입에 게거품을 물고 목에 핏대를 세운다. 한술 더 떠서 방위 복무를 마친 사람들도 덩달아 현역 제대자들에 뒤지지 않으려고 아예 목에 쌍 핏대를 굵게 세우면서 덤벼들기도 한다. 마치 약 오른 독사가 독을 뿜어내듯 한다. 날이 밝는 것도 아랑곳하지 않고 끝을 보여줄 생각이 없다. 요즘 남자들 이럴 때 말고는 나가나

들어가나 신나게 기 펼 곳이 없으니…….

낙엽들의 처절한 소곤거림도 간간이 들려온다. 이제 어디로 갈 것인지 정처 없는 나그네인 양 모두들 시름에 젖는다. 운 좋게 마대에 담겨 농장의 밑거름으로 가기도 하지만 그 외에는 결국엔 분골쇄신으로 공중분해하여 흔적도 없이 소멸될 것이기에 고민에 빠진다. 그러고 보면 인간도 낙엽의 신세와 별반 다를 바 없는 존재이다.

인간도 왕성했던 젊은 시절 지나면 세월에 쫓겨 노년이 되어다 낡은 명줄 하나 붙잡고 허덕이게 된다. 그나마 경로당 신세는 지낼 만하지만 본인의 의지와는 상관없이 자식들의 뜻대로 양로원 신세가 되면 마지막이다. 살아서 돌아올 수 없는 곳이 양로원이라고들 한다. 체념하고 지나다 보면 인간도 낙엽처럼 공중분해하여 흔적 없이 되거나 한 줌의 흙으로 돌아가게 된다. 낙엽에서 들려오는 빠아싹 소리의 허무함이 가슴을 아프게 한다.

총회를 다녀와서

대구문인협회 시인으로 작품 활동을 하면서 선배 문우의 도움으로 대구수필가협회에 회원으로 가입을 했다. 올해 4월의 일이다.

대구수필가협회 정기총회(22. 12. 7)는 화려한 한복을 곱게 차려입은 박기옥 회장님을 비롯한 임원들과 많은 회원(총회원 253명)들이 성황을 이루었다. 심후섭 대구문인협회 회장님과 이규석 수필분과위원장님 등 많은 내빈들이 총회를 빛내 주시기 위해 참석하셨다.

여느 단체들과 마찬가지로 노병철 사무국장님의 사회로 참석 내빈들 소개와 각종 보고에 이어 전날 고인이 되신 박방희 전 대구문인협회 회장을 추모하는 시간도 가졌다. 이어서 제10회 대구수필가협회 문학상 시상 및 작품집 출간 회원 소개, 대외 수상자, 신입 회원 소개로 진행되었다. 모든 수상자들에게 축하의 박수를 보냈다.

박기옥 회장님의 인사말씀에 이어 대구문인협회 심후섭 회장님의 산골 노인의 우유 조달에 대한 명축사도 있었다. 박기옥 회장님의 맛깔난 말솜씨와 재치로 간간이 웃음이 터져 나오는 화기애애한 분위기 속에서 화합의 축제장이 되었다.

신임 회장단 소개와 총회의 추인 절차가 끝나고 신입 회원들을 무대 앞으로 불러 세웠다. 다양한 수상 경력과 전문성으로 빛나는 선배님들 앞이라 의기소침하고 위축되기도 했다. 향기 짙은 빨간 장미 한 송이를 가슴에 안겨 주었다. 그리고는 지난날 서부영화에서나 볼 수 있었던 예리한 칼끝으로 축하 떡의 중심부를 찔렀다. 흔히 보아 왔던 그런 케이크 절단이 아니고 의미심장한 이색적인 절단이었다.

수필문학상 심사위원장이신 김상립 위원장은 기행문으로 된 작품들이 올라와서 안타깝다고 하셨다. 작품을 내지도 않았지만 갑자기 몸이 오싹하며 움츠러들었다. 운문과 산문의 분간도 못하면서 여러 권의 책을 발간했던 게 마음에 걸렸다. 문학에 입문한 게 후회스럽고 많은 회의를 가지게도 했다.

초등학교 졸업식 "앞에서 끌어주고 뒤에서 밀며"라는 노랫말처럼 든든한 선배들에 빌붙어서 용기를 가지게 되었다.

가슴에 안겨준 빨간 장미는 뜨겁고 열렬한 사랑을 가슴에 품고 축하 떡 절단하듯 독자들의 심장을 꿰뚫는 감동적인 작품 활동을 하라는 독려의 뜻으로 받아들이고 헛되지 않는 작품 활동으로 보답하고자 다짐해 본다. 혹독한 겨울을 견뎌야 향기롭고 아름다운 꽃을 피우듯 발가벗은 나목에 파란 새싹이 돋아나고 고목에서 꽃을 피우는 열정으로 매진하고자 객기를 다지는 보람된 시간이었다.

시간에 쫓겨 남은 순서를 남겨 놓고 마지막까지 자리를 지키지 못한 점 넓으신 해량으로 너그럽게 받아주실 것으로 믿고 총회의 원만한 마무리로 전국에서 앞서가는 모범적인 대구수필가협회가 되어 무궁한 발전이 있기를 마음으로 축원을 보낸다.

환절기가 되면

지정학적으로 아열대에 속한 우리나라는 춘하추동 사계절이 있어서 자연이 가져다주는 갖가지 혜택을 누리고 있다. 봄은 만물의 생동을, 여름은 무성함을, 가을은 풍성한 결실을, 겨울은 새하얀 백설의 세상을 철따라 변하면서 우리 곁을 찾아주어서 퍽이나 다행스럽다. 그렇지 못한 나라의 사람들은 매우 부러움을 가지기도 한다.

자연이 베풀어 주는 많은 혜택을 공짜로 누리면서도 그 고마움을 느끼지 못하고 살아간다. 요즘은 다행스럽게도 자연을 보호하는 단체들이 있어서 다소나마 자연에 보답하는 활동을 해 오고 있어서 조금은 위안이 된다. 며칠 전 대구문인협회의 회원이 모 신문에 기고한 '생태 힐링, 자연의 주된 역할은 인간의 안녕'이라는 기사를 접하고 매우 감명을 받기도 했다. 우리 모두는 자연을 아끼고 보호해야 할 의무감을 가져야 하겠다는 생각을 갖게 해 주었다.

각 계절마다 전환되는 시기를 환절기라고 한다. 내가 살고 있는 대구는 흔히들 하는 말로 봄, 가을이 없다고들 한다. 봄인가 하고 느낄 만하면 더위가 문턱에 서서 여름으로 접어들고 파란 하늘에 흰 구름 떠다니는 걸 보면서 가을이 오는구나 하다 보면 동장군이 떡하니 버티고 서서 찬바람을 몰고 와서 겨울을 재촉하고 있다. 기후 변화에 따라 겨울철의 삼한사온도 거의 느낄 수가 없다. 인간들이 만들어 낸 지구온난화의 결과물이리라.

환절기 중에서도 가을에서 겨울로 바뀌는 시기와 겨울에서 봄으로 넘어가는 시기는 특히 건강에 신경을 써야 할 때이다. 자연도 겨울을 나기 위해서 가을철이 되면 모든 걸 떨어내고 있다. 그래서 추풍낙엽이라는 말도 있다. 사람도 다를 바 없는 것 같다. 이때가 되면 평소보다 더 많은 사람들이 세상을 떠나게 된다. 이 또한 자연의 섭리이겠지만 봄과 가을의 환절기에는 여기저기서 잦은 부음이 날아들고 있다.

사람이 아무리 지능과 지혜를 가지고 있다 하더라도 자연의 순리를 거역할 수는 없다. 환절기를 보면서 사람과 자연의 이치가 다를 바 없음을 증명해 주는 듯하다. 흔치는 않지만 현대의학으로 치유 불능의 질병도 자연의 품속에서 회복이 되는 경우도 간혹 볼 수 있다. 어느 방송국의 '나는 자연인이다'라는 프로그램을 보면 자연 치유의 신비함을 느낄 수 있었다. 거절할 수 없는 환절기에 마음에 새겨 두어야 할 자연의 섭리이다.

대개의 자연인들은 사회생활에서 실패하거나 지병으로 회생하기 어려운 사람들이 마지막으로 찾는 곳이 자연의 품속이었다. 포기했던 인생을 몇 년씩의 산중 생활로 육체적, 정신적인 안정을 되찾아 삶을 이어 가고 있었다. 산중 생활을 끝내고 일반 사회로 복귀할 생각이 없느냐는 물음에 하나같이 산중 생활을 계속 이어 가겠다고들 했다. 오히려 떨어져 있는 가족들을 산중으로 오도록 하겠다는 이도 있었다. 이를 보고 있노라면 사람은 자연을 떠나서는 살 수 없고 자연의 순리를 거역할 수도 없음을 말해 주는 듯하다.

자연은 인간을 지켜주고 인간은 자연을 보호하고 자연에 순응하면서 함께 살아가야 된다는 삶의 이치를 일러주고 있다.

팥죽과 동치미

이른 아침에 초인종이 울린다. 지난날 새벽 운동을 나갔다 전화를 받고 급히 집으로 돌아온 기억이 되살아났다. 밤늦게 전화벨 소리만 들어도 가슴이 철렁 내려앉는다. 설마 그런 경우는 아니겠지 하고 잠금장치를 풀고 문을 열었다.

공동 주택의 위층에서 보기만 해도 맛깔난 팥죽을 가져와서 오늘이 동지란다. 내자가 떠난 후로는 동지를 잊고 지냈다. 동지뿐만 아니고 다른 절기들도 거의 잊고 지낸다. 방송이나 휴대폰이 가끔씩 알려주곤 한다. 그제야 오늘이 그날이구나 하고 지내 왔다. 오후에는 인근의 지인이 정성으로 끓인 팥죽을 가져 왔다. 혼자 먹기는 맛과 양이 넘쳐났다.

동지는 24절기 중 22번째 절기이다. 태양 황경이 한 절기마다 15도씩 이동해서 270도에 위치할 때로서 일 년 중 밤이 가장 길고 반대로 낮이 가장 짧을 때이다. 흔히들 24절기를 음력으로 알고 있는데 24절기는 태양력이다. 동지를 지나고 10일 후만 되면 노인들이 지팡이를 짚고 10리를 더 간다고 해서 부장십리扶杖十里라고도 한다. 그만큼 낮이 길어졌다는 것이다. 동지 팥죽의 유래는 중국의 공공 씨 아들이 동짓날 죽어서 역귀가 되었고 평소에 팥을 싫어했기에 역귀를 쫓아내려고 동지에 팥죽을 끓였다고 한다.

지난날 시골에서 살 때의 기억이 떠오른다. 동지를 작은설이라고 하여 온 동네가 팥죽을 이웃 간에 나누어 먹으며 명절처럼 보냈다. 동지가 일찍 들면 아기동지라고 해서 죽 대신 팥시루떡을 먹기도 했다. 온 가족이 둘러앉아서 가족들의 나이 수만큼 새알심을 비벼 넣고 팥죽을 끓인다. 어머니는 큼직한 나무주걱으로 휘휘 젓다가 팥의 눈망울이 활화산 용암으로 폴속폴속 솟아오르면 완성이다. 할머니는 팥죽을 솔가지에 묻혀서 온 벽마다 뻘겋게 수를 놓았다. 집안의 잡귀를 물리쳐서 무사 안일한 한 해를 보내기 위해서란다.

팥죽은 동지가 아닌 때도 이웃 간에 나누어 먹었다. 마을에 초상이 나면 애통함에 정신없는 상제들이 식음을 전폐하고 있을 때 상제들의 식사로 팥죽이나 녹두죽으로 부조를 대신했다. 어릴 때는 팥죽에 들어 있는 새알심을 자기 나이보다 더 많이 먹으려고 형제간에 실랑이가 벌어지기도 했다. 어른들은 나이 한 살 더 먹는다고 하시면서 새알심을 꺼리셨다.

농사일이 끝난 농한기에는 저녁이면 사랑방에 모여 앉아서 새끼를 꼬기도 하고 가마니를 밤이 늦은 시간까지 짜면서 동지 팥죽을 간식으로 즐겼다. 장독 위에서 서리를 맞아 하얗게 얼음으로 굳은 팥죽을 살얼음 덮인 새콤 시원한 동치미를 곁들여 먹으면 아주 별미였다. 혹 장난기가 발동하면 남의 집 장독대를 몰래 더듬어 갖고 와서 희희낙락하며 즐기기도 했다. 당시만 해도 고유 풍습의 서리 문화가 이해될 때라서 남의 집 과수원이나 밭에서 사과나 수박, 참외도 몰래 장난으로 서리해 먹기도 했다.

동지는 밤이 길어서 음기가 성할 때이기 때문에 팥죽의 붉은빛이 잡귀와 음기를 몰아내고 몸을 따뜻하게 하여 양기를 보충하고자 즐겨 먹었단다. 또한 무병장수를 기원하는 풍습도 있었다. 올 동지는 이웃들의 훈훈한 정으로 더욱 따뜻하고 무병장수하는 넉넉한 동지로 가슴과 머리에 남아 있게 되었다.

명품으로 탄생하다

흔히들 일생 동안 절친이 3명이면 성공한 인생이라고 한다. 즐거울 때나 슬플 때나 항상 때와 장소를 가리지 않고 언제나 바로 달려와 주는 없어서는 안 되는 친구들이 아닌가 싶다.

나의 절친들은 어떤 분들인지 소개하고자 한다.

첫 번째 친구는 내가 앉는 자리마다 항상 나타나서 겸손한 자세로 조용히 앉아서 기다린다. 지체 높은 자랑이라도 하듯 상위에 올라앉아서 두리번거린다. 좋은 일에도, 나쁜 일에도, 행사 때나 흉정의 성사도 이 친구 없이는 되질 않는다.

임금님의 지엄한 엄명도 이 친구가 들면 신하들과 화해가 된다고 했다. 가끔씩은 과유불급으로 말썽이 있지만 밥상머리의 반주는 건강의 전도사로 참석하게 된다. 모르긴 하지만 긴 세월 동안 작은 연못 하나쯤은 이루었지 않을까 싶다.

다음의 친구도 밤낮을 가리지 않고 나에게 꼭 붙어 다닌다. 손안에 들 만큼 작은 체구로 머리도 명석하고 도깨비방망이를 가졌는지 손오공처럼 이 친구만 있으면 무엇이든지 해결이 된다. 붙임성이 좋아서 많은 벗들을 품고 있다. 남녀, 노소, 유치원생 구분없이 모두 손에 쥐고 다닌다. 어쩌다 잠시라도 떨어지는 날은 암흑세상으로 변해 아무것도 할 수가 없어 낭패가 난다. 이름하여 휴대폰이라고 한다.

이제 나의 마지막 친구에 대하여 좀 더 자세히 말씀드리고자 한다. 두 발로 다니면서도 거의 날아다니듯 한다. 오래전 군대를 제대하고 마을 이장을 하면서 각종 세금 납부 실적이 좋다고 읍사무소에 주는 상금을 마을에 드렸더니 어른들께서 신발 사라면서 상금 일부를 나에게 주셨다. 그 상금으로 신발 대신 중고 자전거를 구입했다. 마을 전체에 두세 대뿐이었으니 농사철 농우보다 더 귀한 존재였다. 어떤 이는 재산목록에 올리라고도 했다. 일상의 볼일이나 시장 보기도 엄청 편해졌다.

출장 갈 때면 늘 동행하지만 먼 거리는 버스 승차를 거부당해 연호동의 신동재를 넘느라 파김치가 되어 축 늘어지기도 했다. 간혹은 길거리에 노숙을 시킬 때도 있었고 하수구에 처박힐 때도 있었지만 불평 한마디 없이 순종한다. 가끔 용무가 있어서 관내 구청을 갈 때면 구청장님은 오늘도 그랜저 타고 왔느냐고 하셨다. 무슨 말씀인지 알 수가 없었다. 잠시 머뭇거리며 생각해 보니 아마도 내 친구를 두고 하신 말씀 같아서 그렇다고 대답을 했다.

금호강변에서 어느 동호회 회원들과 함께 나온 그 친구들을 보면 수십에서 수백만 원까지 몸값을 자랑하기도 한다. 내 친구는 옆구리가 여기저기 쥐어박혀 움푹 들어가 쭈그러들었고 검붉은 흉터도 안고 있어서 볼썽사나운 중고에 민망스럽기도 하다. 그런데도 구청장님으로 인해 명품 그랜저로 탄생하게 되었다. 그런 연유로 다른 사람들도 아예 그랜저로 부르고 있다.

사람 팔자 시간 문제라더니 이 친구 팔자도 갑자기 명품으로 세상을 보게 되었다. 그래서 웬만한 거리는 항상 명품 그랜저와 동행한다. 금호강변을 나가도 기죽지 않고 기분 좋게 운동을 한다. 건강은 반주에서 찾고 일상은 휴대폰이 챙겨주고 바깥나들이는 자전거가 달려와 주니 절친 3명이 델타 꼭짓점에 눌러앉아서 그들의 품속으로 나를 포위하여 이끌어준다. 이들이 있어 여생은 즐겁고 행복하게 지내게 될 것이다.

계묘년의 쌍무지개

올해도 예년처럼 다사다난했던 임인년이 꼬리를 내린다. 조용히 눈을 감고 되돌아보니 정신없이 분주하게 뛰어다닌 한 해였다. 거의 빈자리 없는 일정표에 따라 끌려다니다 보니 어떤 날은 하루에 몇 번씩 겹치는 날도 다반사였다.

임인년이 열리자마자 새봄의 서곡이 고요한 심장을 잔잔한 물결로 출렁이며 다가왔다. 대구문인협회 부회장, 대한노인회 부지회장, 한맥문학 이사 등의 직함이 꼬리를 물고 가슴을 두드렸다. 직함에 상당하는 행사들이 잠시도 틈을 주지 않고 채찍을 휘둘렀다.

매월 빈틈없이 짜인 일정을 소화하느라 하루도 조용히 쉴 날이 없었고 매월 보내오는 책 한 번 펼칠 틈도, 글 한 줄 쓸 틈도 외부 행사에 모두 잠식되었다. 80대 중반이 되니 건강에 적신호를 보낸다. 세월 이기는 장사 없다는 말이 저절로 입에서 튕겨 나온다.

병원을 찾으니 과도한 외부 활동을 자제하라고 한다. 어쩔 수 없이 활동이 많은 직함 몇 개를 반납하고 항복하듯 손을 들었다.

60년 전으로 거슬러 올라간 계묘년에는 엄청난 봄의 서곡이 집안에 오케스트라로 울려 퍼졌다. 7대 만이에 나를 이을 8대 주손이 태어나는 경사가 있었다. 할머니께서는 평소에도 집안이 융성하려면 자손이 번성해야 된다며 노래를 하셨다. 70대 중반인 할머니는 제 발로 학교에 갔다 오는 증손을 힘들게 업고 길거리를 나선다. 당신 힘에 버겁다고 가족들이 만류해도 "내가 좋아서 하는 것이니 상관 말라"며 마냥 즐거워하셨다.

세월이 유수 같아서 60년을 지나고 계묘년을 맞으니 그때의 그 아이도 환갑을 맞게 되었다. 호사다마였나 뭐가 그리 급했는지 힘없는 아비의 곁을 떠나 하늘나라에서 오매불망 좋아하셨던 증조모 곁에서 회갑을 맞게 되었다. 멀지 않은 세월에 떠나게 될 80대 중반의 나의 마음은 먹구름이 되어 맑은 날에 비를 뿌린다. 자식을 묻은 가슴에 연전에는 60년을 해로했던 내자도 먼 길을 떠나보내고 홀로 있으니 집안에 찬바람만 가득하다.

흔히들 자식은 부모의 울타리라고들 한다. 망가진 울타리 틈으로 파고드는 고통을 어느 누구한테 하소연하지도 못하고 속으로 혼자 감당하려니 무척 힘들고 온몸에 힘이 빠진다. 바람에 흔들리는 갈대처럼 휘청거려 갈피를 잡을 수가 없다. 하나 남은 울타리도 멀리 있어서 마음놓고 기댈 수 없으니 쓸쓸한 외로움은 항상 그믐밤으로 지새우게 된다.

인생사 새옹지마라고 했던가. 가야할 날이 멀잖은 세월을 앞두고 있으니 요양원이나 고독사라는 말들이 예사롭지 않게 귓속을 파고든다. 새들의 날갯짓이 기류를 가르고 물고기들이 물살을 가르는 자연의 순리를 모르고 살아온 지난날의 일희일비가 만감으로 교차한다. 계묘년 새해를 맞으니 항상 외나무다리 건너듯 노심초사하는 마음에 희비의 쌍무지개가 혼란스럽게 다가오고 있다.

고향의 흙냄새

무게를 가늠할 수 없는 겨울비가 소리 없이 조용히 내린다. 목마르던 대지를 촉촉하게 적시고 있는 빗속을 우산을 받쳐들고 길거리로 나선다. 배고픔으로 보채던 아기가 엄마 젖을 먹을 때처럼 메마른 가로수들도 연초록의 봄맞이를 위한 목마름을 해소하느라고 펌프질이 분주하다.

생각 없이 길바닥만 보고 걷는데 갑자기 구수하고 향긋한 고향의 흙냄새가 코를 간지럽힌다. 걸음을 멈추고 고개를 돌리니 재건축을 하려고 철거한 공장 부지에서 빗줄기를 타고 온통 주위를 향기로 뒤덮는다. 한참을 우두커니 서서 흙에서 풍겨 나오는 향긋한 고향 흙냄새에 취해 코를 벌름거리며 폐부 깊숙이 담아 본다.

청년 시절 농사일할 때의 내 모습이 오버랩되어 소환된다. 당시만 해도 재래식 농사일은 소와 사람에 의존하고 있을 때였다. 2

월은 농사철을 알리는 절기라서 쑥떡을 해서 명절처럼 이웃 간에 나누어 먹으며 즐긴다. 머슴들은 고된 농사일이 걱정되어 울타리를 붙잡고 울어야 하는 슬픈 2월이 아니던가.

농사철이 시작되면 아침 일찍 논바닥에 두엄을 내고 소를 몰고 깊은 동면으로 정적이 깔려 있는 논바닥을 간다. 모내기 준비를 하기 위해서다. 논둑을 어슬렁거리던 노곤한 아지랑이가 잠시를 못 참고 온몸의 기운을 잡고 늘어진다. 한참을 못 견디고 참 때를 기다리는 눈길이 새참 이고 오는 길목을 지키고 있다.

어머니 품속 같은 대지는 가슴을 풀고 속살을 드러낸다. 겨우내 얼고 녹으며 숙성된 향기를 어머니의 자식 위한 넉넉한 마음으로 마구 쏟아낸다. 콧노래가 나오고 강아지 잔기침하듯 컹컹거린다. 고된 농사일은 한 해의 풍년을 꿈꾸는 소박하고 욕심 없는 농사꾼의 마음을 설레게 한다.

비가 오면 때맞춰 논갈이를 하고 모심기에 좋고 뿌리 활착이 잘되도록 논바닥을 평평하게 써레질을 한다. 하루 종일 논바닥을 헤젓고 다니다 보면 사람과 소가 함께 흙투성이가 된다. 요즘은 온몸에 머드를 뒤집어쓰는 체험으로 저마다 예쁜 몸으로 가꾸려고 법석을 떤다. 그 당시는 흙탕물이 몸서리치게 싫었다. 진작 알았으면 더 많이 뒤집어썼을 텐데! 콘크리트 속에 갇힌 도시 생활을 마음이나마 유연하게 하려는 위안이리라.

변함없는 대지는 모든 생명들이 자연에 순응하며 잘 살아가도록 넓은 품으로 받아들인다. 지난날 농사꾼 시절에 몸서리쳤던 흙냄새가 비를 타고 도심의 공간에서 샤넬 향으로 온몸을 감싸 준다. 객지 생활에서 쫓기고 고달픈 몸과 마음을 촉촉하게 녹여 주는 추억의 향수로 반겨 준다.

지난날 농촌은 먹거리가 부족해서 산이나 들판으로 나물이나 풀뿌리를 캐서 먹어야 했고 때로는 새벽같이 멀리 있는 바닷가에서 파도에 밀려 나오는 해초를 주워서 먹거리로 하기도 했다. 굶주림의 고달픈 추억을 담고 있는 고향의 흙냄새가 가슴을 쓸어내려 울컥하게도 한다.

삼종지도三從之道

세월의 흐름을 막을 수 없는 게 자연의 순리일 것이다. 그래서 앞으로 다가올 미래도 가늠하지 못하고 자연에 따라 사는 게 인생사이다.

한참을 거슬러 올라가면 봉건시대는 남존여비 사상의 시대였다. 남자 위주로 모든 일이 이루어졌을 뿐만 아니라 자손들도 남아 선호의 염원으로 여성은 천대시해 왔다. 그 당시의 여성들의 삶을 현재에 비추어 보면 억장이 무너져 할 말을 잊게 한다.

그 시대는 여성들에게 삼종지도의 굴레를 씌워 엄청난 압박으로 매몰차게 천대시했다. 어릴 때는 부모의 뜻을 따라 살아야 했고 출가하면 남편의 뜻에 순종해야 했으며 남편 사별 후는 자식의 뜻에 따라 살도록 올가미를 씌웠다. 그러면서 또 칠거지악으로 자칫하면 친정으로 쫓겨나야 할 운명에 놓여 있었다. 부모로부터 물려받은 성 하나를 욕되지 않게 하기 위해서 숱한 고통과 시름을 가슴속으로 꾹 참고 견뎌야 했다.

오래전 어느 방송에서 나온 얘기를 반추해 본다. 직장을 마치고 귀가한 남편의 넋두리에 의하면 생리적인 볼일도 자유롭지 못하다고 한다. 소변도 좌변기에 앉아야 하고 대변도 물을 내리지 못하게 하여 변의 색깔로 음식 조절을 해야 됨으로 아주 곤욕을 치른다고 했다.

시대의 변화에 따라 지금은 여성들의 사회 활동이 활발해지고 맞벌이 부부가 늘어나면서 점차적으로 남성들이 살림이나 육아를 담당하는 가정이 점점 늘어나고 있으니 부인의 말을 안 들을 수 없게 되었다. 남성 중심의 가부장제는 여성 위주의 가부장제家婦長制로 바뀌어 가고 있다. 어쩌면 가정의 안정을 위해서는 더 좋은 방법이 될 수도 있을 것이다.

요즘은 남성들도 삼종지도를 비켜 갈 수가 없게 되었다. 어릴 적에나 지금이나 남녀가 다 같이 부모의 뜻을 따를 수밖에 없었다. 누구든 나이 들고 늙어 병들면 자식에게 의지해서 자식의 뜻에 따라야 하는 것도 마찬가지다. 부모의 의사와 상관없이 자식들의 뜻에 따라 한번 가면 살아서 돌아올 수 없는 요양원으로 가게 된다. 다만 남편의 뜻에 따르도록 한 것은 시대의 변화에 따라 정반대의 현상으로 바뀌어 가고 있다.

지난 세월 동안 여성들을 옭아매었던 삼종지도는 이제는 부인의 뜻에 따라야 하고 자식의 뜻에 따라 요양원으로 가야 되는 남성들의 삼종지도 시대가 되었다. 사회의 균형 발전은 남녀의 구분 없이 다 같은 위치에서 이루어지도록 하고 있다.

돌이켜 생각해 보면 지난날 여성 천시의 가품을 남성들이 받고 있지나 않은지 하는 생각도 들게 한다. 이제는 남성들도 칠거지악에서 쫓겨나지 않으려면 삼불거에 의존해서 근근이 살아야 할 것 같다.

흔적도 없이

새해가 열두 달을 안고 내 앞에 아무 말 없이 우뚝하니 서 있다. 나이 든 탓인지 새해가 거듭될수록 반가움보다 이제는 걱정과 고민이 가슴속에 켜켜이 쌓여만 간다.

사람은 태어날 때 빈손으로 두 주먹 불끈 쥐고 우렁찬 포효로 태어나서 험난한 한세상을 살다가 마지막 떠날 때도 힘없이 두 손 펴고 빈손으로 가야 하는 게 인생이라고 한다. 그래서 공수래 공수거라고 한다.

많은 고승들과 불자들에게 독송되고 있는 반야심경은 아무것도 없는 상태 즉 공空으로 마음을 다스려 무소유의 깨침을 수행 정진하여 극락왕생을 기원하고 있다. 법정 스님도 하나같이 공의 상태에서 무소유로 정진하여 일생의 흔적으로 사리 몇 과만 남기고 입적하여 열반에 들었다.

젊은 시절 문중의 족보 편찬을 도우면서 선조들의 훌륭한 공적들을 기록으로 남긴 게 없어서 많은 아쉬움을 품었고 일자무식인 할머니도 눈물과 고생으로 얼룩진 당신의 과거사를 책으로 엮으면 몇 권은 넘을 것이라고 하신 말씀도 귓전을 맴돌았다. 흔적을 남겨서 후손들에게 물려주어야겠다는 마음이 마치 불에 달군 무쇠가 물속에서 굳어지듯 단단하게 여물어졌다.

어언 미수를 눈앞에 두고 지나온 세월 동안 살아온 발자취를 적은 것이 10여 권의 책들로 서가에 자리하고 있고 다른 소장품들과 각종 포상들이 한게실汗憩室에서 열정과 땀의 결정체들로 자리하고 있다. 어느 날 홀연히 떠날 인생이지만 떠날 채비를 해야 한다는 생각을 하니 바람에 날아가는 낙엽의 신세가 된 것 같다.

가끔씩 열 폭 병풍에서 풍겨내는 묵향에 둘러싸인 낙소방樂少房을 들어서면 황금빛 악기에서 감미로운 음률이 젊은 마음의 활력을 선물하고 있고 한게실의 시화, 액자, 족자 등은 다양한 모습의 80여 눈망울들이 나를 반겨 온몸을 포근하게 감싸준다. 마치 목욕 후의 개운한 영육으로 탈바꿈한 것같이 기분을 가뿐하게 해준다.

그동안 저명 작가들의 문학관, 기념관, 전시관들을 두루 살펴보는 시간들이 있었다. 순수한 삶의 발자취만 나열된 나의 기록들은 작품의 잣대가 아닌 삶의 흔적들로서 작은 공간도 갖지 못하고 방황하고 있다. 애당초 시작이 잘못인지 아니면 능력의 한계를 넘지 못한 탓인지 가늠할 수가 없다. 지인들은 자식에게 짐

되지 않으려면 모두 버리라고 고언苦言을 하지만 마치 혈육들과의 이별에 버금가는 아픔을 느끼게 한다.

조상 숭배가 점점 사라져 가는 시대에 후손들에게 흔적을 남기려는 일이 마음을 천근만근으로 무겁게 한다. 죽음은 육신과 영혼뿐만 아니라 삶의 흔적조차도 중국 소동파 시인의 설니홍조(雪泥鴻爪 : 눈밭의 기러기 발자국이 눈 녹으면 흔적 없이 사라진다)처럼 사라지는 것이니 인생이 허무해진다.

이석병 수필집

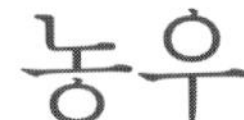

초판 1쇄 발행 2023년 4월 27일

지은이 이석병
펴낸이 이은재
편 집 권정근
디자인 이태호

펴낸곳 도서출판 그루
출판등록 1983. 3. 26(제1-61호)
주소 42452 대구광역시 남구 큰골 3길 30
전화 053-253-7872
팩스 053-257-7884
전자우편 guroo@guroo.co.kr

ISBN 978-89-8069-485-3